내 삶을 지키는
바운더리

내 삶을 지키는
바운더리

쑤쉬안후이 지음 | 김진환 옮김

지웅책방

인생은 관계가 만들어나간다

"많은 사람들의 평가와 독단이 당신을 힘들게 하고
초조와 고통 그리고 낙담을 가져다줄 것이다.
그들은 인생이란 여정에서 맞이하는 시련이기도 하다.
당신의 앞길을 막아서며 일순간 당신을 혼란에 빠뜨려,
어떻게 해야 할지 종잡을 수 없게 만들기도 한다."

이 세상을 살아가는 것은 결코 쉬운 일이 아닙니다.

우리는 인생에서 온갖 일들을 겪으며 살아갑니다. 생이별과 사별 외에 도저히 영문을 알 수 없는 복잡다단한 일들을 마주하게 되니까요. 당신과 좋은 관계를 유지했던 사람이 어느 날 갑자기 당신을 떠나가는 일도, 당신과 협력을 약속했던 사람이 갑자기 아무런 소식 없이 연락을 끊어버리는 일도 있습니다.

　이 밖에 일찍이 당신에게 사랑과 이상 그리고 희망에 대한 굳은 믿음을 주었던 사람이 오히려 그것을 한순간에 무너뜨리기도 합니다. 이런 일들이 하나하나 쌓여서 기력이 빠져버린 자신만 남게 되었다는 것을 자각하는 순간 실패감과 적막함 그리고 피로감과 상실감에 휩싸입니다. 그러다 이윽고 삶에 대한 원망과 세상에 대한 불만으로 가득 차게 됩니다.

　당신은 이러한 의문을 가질 것입니다.

'내가 잘못한 거야? 아니면 세상이 잘못된 거야?'

'나한테 문제가 있는 거야? 아니면 세상이 문제인 거야?'

'이 세상이 잘못된 거라면 왜 다른 사람들은 아무 문제 없이 잘 지내고, 논쟁이나 불만 따위 없는 것처럼 살아가지?'

그러면 다른 사람들은 이렇게 말합니다.

"생각을 너무 많이 하지 마! 다들 그냥 사는 거 아니겠어?"
"왜 이렇게 진지한 거야? 그냥 적당히 넘어가면 좋잖아. 별문제도 아닌데."

마치 당신이 융통성이나 배려심이 없다는 투로 쏘아댑니다. 당신은 '나한테 문제가 있는 거겠지?'라고 생각할 수도 있지만, 이 세상에 아직도 황당무계한 일들이 이렇게 많이 일어나는 것을 보면, 병들어 체질 개선이 필요한 것은 이 세상이라는 생각이 듭니다. 진정으로 행복과 쾌락을 느끼는 사람은 단 한 사람도 없는 것 같으니까요.

이 세상 그리고 자신과 타인에게 잘 대응하기는 정말 어려운 일입니다. 이 세상을 살아가기 위한 명확한 규칙을 찾아보려 할수록 딱 들어맞는 규칙을 찾아내기가 더욱 어려워집니다.

다른 사람을 만족시키거나 불만을 없애고 싶어 할수록 상대의 불만은 더욱 커집니다. 매일 저녁 침대에 누우면 석쇠 위에 놓인 옥수수라도 된 것처럼 뒤척이며 초조함에 잠 못 이루기도 합니다.

어제를 생각하고 또 내일을 생각하면 통제 불가능한 불안감이 찾아옵니다. 어떤 목표를 향해 열심히 정진해야 하지만 아무런 성과도 내지 못할 것 같은 기분에, 속으로는 '이번 생에 뭘 이뤄야 하는 거가' 하며 불안해합니다.

또한 원치 않은 일들도 많이 일어납니다. 기쁨을 누릴지라도 그 순간은 너무나도 짧아서 찰나처럼 사라져버립니다.

이렇듯 우리는 이 세상에서 자신을 소모해나가고 있습니다.

우리는 매일 세월을 흘려보내는 과정에서 여러 구속과 억압을 받기도 하며, 생존에 등 떠밀려 무언가를 억지로 하기도 합니다. 당신이 직면하거나 책임지고 싶지 않은 일일지라도 말입니다.

심리적 경계선이
나를 지켜준다

한 번뿐인 인생인데, 소모와 피로 속에서 끊임없이 자신을 갉아먹어야 할까요?

세상의 속도에 맞춰나가려고 노력할 때도 '내가 가장 뒤처지면 어쩌나?' 늘 전전긍긍하며 살아야 할까요?

이 세상을 살아가면서 사회제도와 생존을 위해 순응하다 보면 두려움과 불안이라는 독에 갇히게 됩니다. 각종 불필요한 두려움은 우리의 심신과 영혼을 에워싸며 여러 가지 질병을 일으킵니다. 불안장애, 강박증, 우울증, 암, 자율신경부조증, 심혈관 질병, 면역체계 불균형, 호르몬 불균형, 신진대사 불균형 등입니다.

자기 스스로를 아끼고 삶에 대한 의지가 있다면, 과거의 잘못을 돌이켜보고 자신을 바꿔 건강한 모습을 되찾아야 합니다. 생활 태도를 바꾸든지 아니면 습관을 바꾸어야 합니다. 부당함과 불공평을 속으로 삼키고, 자신의 감정을 억누르며 자신을 소중히 여기지 않고 더 고된 일들까지도 견뎌야 한다는 강박을 버려야 합니다.

강력한 내면의 힘을 길러서 스스로 '당연히 나 자신을 사랑해야지', '나 자신을 아껴야 해', '나 자신을 잘 돌보는 것이 바로 나를 책임지는 일이야'와 같은 말을 자주 하기를 바랍니다.

자신의 존재에 대한 신뢰와 존경은 자신에 대한 인정과 수용에서 시작됩니다. 이를 바탕으로 적절한 관계와 심리적 경계선을 세워야 비로소 자신을 소중히 대할 수 있습니다.

사람들 사이에서 고되고 피로한 삶을 살아가는 모습들 그리고 타인과 나 사이에 관계의 경계선과 심리적 경계선이 불분명하고 그 틀을 제대로 갖추지 못하는 상황들을 장기간 관찰하고 탐구한 후 그 내용을 이 책에 담았습니다.

'인간관계의 경계선'이라는 말에서 사용되는 '경계선'의 뜻은 일종의 범위이자 거리입니다. 2명 또는 다수의 인원 사이에 필요한 개인 공간과 관계적 거리를 뜻하며, 이는 관계의 멀고 가까움, 친밀함과 소원함 그리고 개인의 상태에 근거해 조정되는 것이므로 탄성과 신축이라는 특성을 지니고 있습니다.

그 밖에 '개인, 혹은 심리적 경계선'이라는 말에서 사용되는 '경계선(boundary, 바운더리)'은 개인의 내재적 공간으로, 자주권과 독립권을 유지하고 보장할 수 있는 방어선이자 마지노선입니다. 내재적 공간에서는 타인의 개입과 간섭이 금지되며 프라이버시가 보장되어야 합니다.

개인의 경계선 혹은 심리적 경계선은 개인의 감정과 기분, 관점과 사고, 행동과 선택을 보장해주어 자신이 충분히 자각하고 자신만의 결정을 내릴 수 있습니다.

인생의 여러 관계와 환경 속에서 인간관계의 경계선은 서로 원하는 것을 이해해주는 기반 위에 세워져야 합니다. 그래야 평등한 관계 속에 서로를 존중할 수 있습니다. 우리 모두 독립적인 개체이며 그 자체로 완전한 존재이므로 내가 누군가에게 의지해서도 안 되며, 내가 타인을 지배하고 착취하며 강제로 통제하거나 조종해서도 안 됩니다.

그러기 위해서는 자신만의 심리적 경계선을 세우고 잘 유지해야 합니다. 그래야 타인과 나의 관계에서 각자의 책임을 구별할 수 있고, 과도하게 타인을 대신하거나 타인의 인생을 자신이 책임지지 않을 수 있습니다.

그렇지 않으면 우리는 자신의 인생 과제를 회피할 것이며 자신의 인생에 대해 책임지거나 완전한 자아로 살아가는 것과 같이 스스로 마땅히 해야 할 것, 진정으로 할 수 있는 것들을 등한시하게 됩니다.

이제부터 새로운 시각과 관점을 가져보세요. 우리의 경계선이 인간관계 속에서 어떻게 무너지고 있는가를 논의하는 것부터 시작해서, 경계선이 침범당하고 파괴되는 상황과 더 나아가 타인과 나의 관계가 무너지는 관계의 함정을 알아봅니다. 그 후 우리의 내면을 치유해보고 마지막으로 견고한 경계선을 구축하는 방법을 알아봅니다.

적극적으로 세상을 향해 나아가는 동안 내면의 질서와 안정적인 주체감을 찾고, 당신이 원하는 행복한 삶을 누리며, 매 순간을 무탈하게 보내기를 바랍니다.

갈수록 복잡해져만 가는 세상에서 생존하려면 마음속에 뚜렷한 경계선을 가지고 있어야 합니다. 그리고 이것은 일찍 학습할수록 좋습니다.

관계의 경계선이 무너진 사람

• 지나친 책임감에 짓눌리거나 타인에게 의존한다.

• 호의를 바라거나 마찰을 두려워하고 소통을 회피한다.

• 인간관계가 혼란과 피로감으로 가득 차 있다.

• 상처만 가득한 부정적인 자아를 가지고 있다.

• 질책과 자책으로 가득한 삶을 살고 있다.

• 자기 회의와 진퇴양난에 빠져 있다.

• 습관적으로 자신과 타인을 강압한다.

• 몸과 마음 그리고 감정의 불균형이 일어난다.

관계의 경계선이 잘 갖춰진 사람

• 책임 소재를 잘 구별하며 적절히 책임질 줄 안다.

• 자기 입장을 명확히 밝히고 자기중심의 소통을 한다.

• 자신을 존중함과 동시에 타인과의 균형을 찾는다.

• 주체성을 가진 긍정적인 자아를 가지고 있다.

• 자신의 한계와 부족함을 받아들인다.

• 자신의 선택과 책임을 직면한다.

• 합리적이고 객관적이며 자신과 타인을 강압하지 않는다.

• 몸과 마음 그리고 감정의 균형을 유지한다.

Part 01
첫 번째 단계

관계의 경계선이 무너진
10가지 유형

BOUN
DARY

Part 02 |
두 번째 단계

선을 넘는 관계의
함정

Part 03 | 세 번째 단계

관계의 점선을
실선으로 바꾸기

Part 04 | 네 번째 단계

인생의 바운더리
세우기

BOUNDARY

인간관계 속에서
심리적 경계선이 어떻게 무너지고,
나의 삶에 영향을 미치는가?
마음속에 타인의 생각, 관점, 가치관, 감정
그리고 평가만 채워져 있다면
진정한 자신이라고 할 수 없다.

첫 번째 단계

관계의 경계선이
무너진
10가지 유형

책임감이 지나친
자기희생형

많은 사람들이 책임감을 가지고 살아가지만 자신과 무관한 일에 관여하며 불필요한 책임을 지는 경우도 많다. 당신도 이와 비슷하지 않은가?

타인의 감정은 기쁨이든 슬픔이든 혹은 다른 감정이든 당신이 책임질 수 있는 것이 아니다.

타인의 말은 사적이든 악담이든 그의 언어 습관과 행실, 인격을 드러낼 뿐 당신이 책임질 수 있는 것이 아니다.

타인의 인생은 한 사람이든 두 사람이든, 셋 혹은 그 이상이든 당신이 책임질 수 있는 것이 아니다.

타인의 시선과 시야가 올곧은지 비뚤어져 있는지, 그들이 보고 있는 것이 빛인지 어둠인지도 당신이 책임질 수 있는 것이 아니다.

타인이 삶을 대하는 태도가 긍정적이지 방관적인지 또는 저극저인지 비관적인지도 당신이 책임질 수 있는 것이 아니다.

항상 타인의 일에는 책임지려고 하면서 정작 자신의 일은 다른 사람에게 전가하는 것이야말로 삶을 혼란스럽고 무질서하게 만드는 근원이다. 이것이 타인과 나의 경계선을 모호하게 하고 서로 그 경계선을 침범하고 통제하게 되는 시발점이다.

그러나 책임감을 이렇게 사용해서는 안 된다. 자신의 멋진 인생을 살아내는 데 책임을 다해야지, 타인에게 부담이 되거나 그들의 문젯거리가 되어서는 안 된다.

당신은 성인으로서 내면과 능력을 잘 활용하여 자신의 지위를 공고히 다지고 직무를 개발하며 진정으로 책임질 수 있는 일을 도맡아야 한다.

타인의 일에 책임지거나 간섭하고 개입하는 행위는 사실 타인을 통제하고 싶어서이다. 이러한 사람들의 마음속에는 자신만의 정답과 정의의 기준이 확립되어 있으며, 자신의 관점과 시각으로만 세상을 바라본다. 이들은 자신들이 생각하는 정답과 정의에 부합하지 않는 상황에 맞닥뜨리면, 속에서 끓어오르는 감정을 견디지 못한다. 그것이 고통이든 분노이든, 실망이든 좌절이든 자신의 감정을 제대로 이해하고 직면할 수 없으며, 오히려 본인이 부당하다고 생각하는 일을 통제함으로써 그것들을 해결하고자 한다.

이러한 사람들은 눈에 거슬리는 사람을 통제하고 잘못된 일을 제지하며 소란을 피우지 못하게 만드는 방식으로 외재적인 문제를 해결해야 자신이 피해를 보는 일이 없다고 생각한다.

심지어 자신이 상대방을 바로잡거나 개입해서 문제를 해결하지 않으면 일이 심각해지거나 어긋나버릴 것이라고 억측하기도 한다.

이러한 비이성적인 과대 해석과 객관적으로 사고하지 못하는 망상은, 세상에는 '유일한 기준'과 '유일한 정답'만 있으며 자신이 생각하는 기준에 부합하지 않으면 모두 해결해야 하거나 바로잡아야 한다고 여기는 마음에서 기인한다. 더 나아가 자신이 망치라도 된 듯 타인을 튀어나온 못으로 여기고 망치로 때려 넣어야 한다는 생각에까지 이른다.

지나친 책임감은
침범이 될 수 있다

'당신이 색안경을 끼면 당신이 보는 세계는 모두 그 안경 색으로 비칠 것이다'라는 말이 있다. 우리에게 내재된 관점과 시각이 바로 우리의 색안경이다. 우리가 신경 쓰지 않으면 인지하지 못한 채 본인에게 내재된 관점과 시각으로 세상을 바라보고 판단하게 된다.

타인은 모두 잘못되었다고 느끼고 세상에 오직 자신만이 정확하고 정의롭다고 생각하면, 세상은 늘 타인이 잘못을 저지르는 엉망진창인 상황으로 비친다. 따라서 자신이 감독하거나 바로잡지 않으면 모든 사람들이 해이해지거나 나태해지고 통제 불능 상태가 되어 온갖 문제가 넘쳐나리라고 판단한다.

이러한 부류는 본인이 자각하지 못하는 사이에 자신을 망치에 대입하여, 매일매일 타인에게 날을 세우며 모든 것을 고치고 바로잡으려 든다.

또한 이들은 자기중심적인 특성이 강하다. 타인의 입장과 관점을 이해하거나 그들의 상황이나 자초지종을 들으려 하지 않고 눈에 거슬린다든지 성에 안 차면 서슴없이 지적과 비평을 늘어놓거나 부정하려 든다.

심한 경우 타인의 인생을 자신의 기준대로 재단하여 끊임없이 평가한다. 이렇듯 세상만사를 자신의 어깨 위에 짊어지며 '본인만 제대로 된 판단을 할 수 있다'는 사고방식은 완벽주의 콤플렉스이다. 자신의 완전무결함을 드러내기 위해 주위의 모든 사람들을 바로잡고야 말겠다는 태도로 그들이 무엇을 잘못했고 어디를 고쳐야 하는지 알려주려는 성향이다.

세상을 바로잡겠다는 과업을 자신의 임무로 여기는 것은 얼핏 책임감이 있어 보이지만, 실상은 세상을 자신이 생각하는 이상적인 모습에 꿰맞추려는 욕심일 뿐이다.

그는 마음속으로 이 세상 사람들 모두 올바르고 성결하며 고상하고 뛰어난 삶을 살아야 한다고 여긴다. 이렇게 되어야 세상의 무질서와 불완전함으로 더 이상 스트레스를 받지 않는다는 것이다.

당신도 이러한 성향을 가지고 있지 않은가?

이것은 일종의 편집증이다. 이 세계가 실제로 어떠한 모습이든 당신이 머릿속에서 그려낸 모습과 같아야 한다고 극단적으로 집착하는 것이다.

자신이 우월한 엘리트라고 믿는 사람 중에는 자신이 세상의 중심이므로 모든 사람들이 자신의 설계나 관점에 따라 움직여야 한다고 생각하는 사람들이 있다.

이러한 태도와 반응은 열등감이 빚어낸 우월 콤플렉스에 기인하는 것은 아닐까? 또는 진실된 내재적 결핍과 결여를 직시하지 못하여 형성된 나르시시즘(narcissism, 자기애, 자아도취)에 기인하는 것은 아닐까?

이들은 그렇게 책임지기를 원하면서도 애초에 방향 설정이 잘못되지 않았는지 돌이켜보지 못하고 있다.

"자신을 소중히 대하기를 바라며 자신의 충동을 인지하고
자신이 절실하게 원하는 것과 필요한 것이 무엇인지 아는 것은
매우 어려운 심리적 성취다."

– 에이브러햄 매슬로(사회심리학자)

보상심리로 강제하는
불균형형

인생에는 혼란스러운 상황이 수없이 존재한다. 그중에 가장 흔한 것은 자신의 문제를 남에게 떠넘기며 마땅히 자기를 도와주어야 한다고 여기는 것이다. 상대가 자신을 만족시켜야 할 책임과 의무가 있고, 그렇지 않으면 상대는 무정하고 냉혹하고 이기적이며 심지어 도덕과 윤리에 어긋난 사람이라고 생각한다.

상대가 요구하는 것이 무엇이든 당신은 무의식중에 어떠한 프로세스가 작동하는 것처럼 요구 사항을 잘 처리해야 한다. 설령 당신과 전혀 상관없거나 당신에게 그러한 능력이 없는데도 말이다.

당신이 이런 상황에서 상대의 감정과 인생에 대한 책임을 지려고 하면, 아마 당신도 혼란스러워하며 자신의 감정과 인생에 대한 책임을 타인에게 떠넘기려 할 것이다.

왜 이러한 일이 발생하는 것일까?

일종의 보상 심리 때문이다. 당신이 알게 모르게 타인의 문제에 개입하여 해결해주면 손해 본다는 느낌이 들게 마련인데, 이때 다른 곳에서 그에 상응하는 보상을 받고 싶어 하는 것이다. 이러한 심리적 불균형으로 인해 당신은 누군가 자신의 문제를 해결해주기를 바란다.

당신은 아마 깊이 사고해본 적도 없이 항상 타인을 위해 노력하고 고생하며 신경을 많이 써왔을 것이다. 그러다 지쳐버린 당신은 '왜 나를 위해 모든 걸 쏟아붓는 사람은 없지?' '왜 내가 필요로 하는 도움을 주지 않는 거야?'라고 원망하는 마음이 생긴다.

당신은 누군가 나서서 자신의 인생을 구원해주고 평안을 가져다주며 괴로움에서 벗어나게 해주기를 간절히 바라면서, 마음 한쪽에 늘 이러한 의문을 품고 있다.

'내가 왜 이렇게 고생해야 하는 거지?'

'다른 사람들의 삶은 왜 순탄하기만 한 거야.'

당신의 사고는 얽히고설킨 털 뭉치와 같아서 도대체 누가 당신을 그렇게 힘들고 지치게 하는지 알아채지 못한다.

당신은 정말 이렇게 힘들게 살아야 하는가?

당신이 타인을 위해 나서지 않으면 불안과 죄책감을 느껴야 하고, 자신이 잘 지내면 주변의 슬픔에 잠긴 불행한 사람들에게 죄스러운 감정을 느껴야 하는가?

'내가 이렇게 했으니, 너도 이렇게 해라'는 심리

우리는 도미노처럼, 타인이 나를 넘어트렸으면 나는 또 누군가를 넘어트리고, 타인이 나를 착취했으면 나는 또 누군가를 갈취한다. 저항하지 못하는 주위 사람들에게 쉽게 편익을 취한다.

한 사람이 다른 사람으로부터 착취당하면 그는 자신보다 더 약하고 만만한 상대를 골라 강제하고 억압한다. 이것이 보상 작용이다. 어떤 사람에게 억압과 부당한 대우를 받으면, 주위의 만만한 상대를 골라 화풀이 대상으로 삼는 것이다. 이것이 수많은 배우자와 아이가 화풀이 대상으로 전락하며 부당한 대우를 받는 이유다.

우리 마음은 이러한 균형을 유지하려는 본능을 가지고 있다. 일단 불균형이 발생하면 우리는 다른 사람과 장소에서 자신이 손해본 감정을 보상받으려고 하지만, 이를 명확하게 인지하지 못한다. 우리는 서로에게 해가 되는 방식이 아니라 자신을 돌보며 굳건하게 만드는 법을 배워야 한다.

이러한 착취는 인간관계의 독소이기에, 우리를 오염된 안개 속에서 병들고 쇠약하게 만들며 결국 죽음에 이르게 할 뿐이다.

우리가 사회에서 경계선을 세우는 것이 결코 쉽지 않은 이유는, 일상의 경계선이라는 명확한 개념이 없고 모호하기 때문이다.

어려서부터 당신은 다음과 같은 말들을 줄곧 들어오면서도 그 속에 담긴 뜻은 생각해보지 않고 곧이곧대로 받아들였을 것이다.

'너무 재고 따지지 마.'

'지는 게 이기는 거야.'

'됐어. 더 이상 일을 키우지 않는 게 상책이야.'

'능력 있는 사람이 일을 조금이라도 더 해야지.'

'이타적으로 살아야 해. 그게 좋은 거야.'

'토 달지 말고, 까라면 그냥 까는 거야.'

'네가 잘하니까 일을 더 주는 거지. 못하면 안 시켰어.'

'다 너 잘되라고 이러는 거야.'

일상에서 경계선이 불명확해 불편함을 느끼지만 그래도 어쩔 수 없이 받아들이는 말들이 있을 것이다.

이러한 '나'와 '당신'과 '타자' 간의 얽히고설킨 입장, 권리, 감정, 생각, 가치관, 인생의 신념과 과제 그리고 요구는 늘 타인에 대해

과도한 책임을 지게 하며, 자연스럽게 자신의 책임을 타인에게 전가하게 한다.

진정으로 완성해야 하는 것은 자기 인생의 과제이고, 진정한 자신이 되어야 한다.

마음속에 타인의 생각, 관점, 가치관, 감정 그리고 평가만 채워져 있다면 진정한 자신이라고 할 수 있겠는가?

이 세상에서 당신이 존재한다는 것은 바로 당신이 유일무이한 개체라는 것이다.

당신이 타인의 눈치를 보고 다른 사람의 관점과 안목을 자신의 것으로 삼으며 그들의 기준에 부합하려고 한다면 당신이 유일무이한 존재라고 할 수 있겠는가?

진정한 자신이 되려면 당신과 한평생을 함께해야 하는 육체와 정신을 잘 이해해야 한다. 이를 위해 당신이 해야 하는 일은 경계선을 세우고 그것을 잘 유지하여 자신에 대해 더 많이 알아가면서 '무엇이 나의 생각과 감정인지, 선택과 결정인지'를 구별해나가는 것이다.

타인의 생각과 감정 그리고 선택과 결정을 경계선 밖에서 잘 막아내어 자신의 기준을 잘 지켜나가야 한다. 이렇게 하면 그 많은 불필요한 걱정과 번뇌를 줄일 수 있다.

"인간은 누구나 스스로 의미를 부여한 주관적인 세계에 살고 있지.
객관적인 세계에 사는 것이 아니라네.
자네가 보는 세계와 내가 보는 세계는 달라.
누구와도 공유할 수 없는 세계일 테지."

– 《미움받을 용기》의 철학자

경계선의 개념이 부족한
막무가내 요구형

타인과 나의 관계에서 경계선이 명확하지 않은 사람은 누군가 경계선에 대해 논하면 불편해하거나 방어적인 태도를 취하고, 더 나아가서는 거부감과 적의마저 드러낸다.

이러한 사고방식은 본인이 다른 사람을 위해 책임지거나 기꺼이 공헌과 헌신을 하려 드는데 왜 타인과 나 사이에 경계선을 세워야 하느냐는 의미가 아니다.

실상은 이와 정반대로 타인이 자신을 위해 책임지거나 감내하지 않는 것에 대해, 그리고 자신이 처리하기 까다롭거나 힘든 일을 대신 책임져 주지 않는 것에 노심초사하는 것이다.

자신의 책임을 남에게 전가하고 외부에서 의존할 곳을 찾고 싶어 할 때, 주위 사람들이 경계선을 치며 도움을 거절한다면 고통스럽지 않겠는가? 그러면 그는 세상이 왜 이렇게 냉혹하고, 무정하며, 매몰차게 선을 그으려고 하느냐며 강력하게 비난할 것이다.

사실상 그는 자기 인생에 대한 책임을 스스로 져야 한다고 생각해본 적이 없다. 본디 책임을 진다는 것은 힘들고 어려우며 고된 일이다.

주위의 누군가가 어떠한 요구를 하든 계속 들어주고 '필사적으로' 해결해주려고 하면, 그가 어떻게 타인과 나의 경계선을 인지할 수 있겠는가? 또한 모든 사람들의 선택과 의향을 존중해야 한다는 것을 어떻게 느끼겠는가?

그는 자신이 요청한 것은 타인이 모두 들어주어야 마땅하고, 세상은 이러한 형태로 존재해야 한다고 생각한다.

그에게 인생이란, 숙주를 찾아낸 후 마음껏 그 에너지를 빨아들이고 또 끊임없이 요구하면 그만이다. 경계선을 논하는 것은 근본적으로 자신이 얻고자 하는 이익을 해칠 뿐이니 그에게는 조금도 이롭지 않다.

당신의 주변에 이러한 사람이 있다면 어떻게 처신할 것인가?

타인과 나 사이에 마땅히 경계선이 존재해야 한다는 사실을 인지하고, 자신이 완전한 개체임을 보호해주는 최소한의 기본 권리를 확보해야 한다는 것을 이해한다면, 당신은 헷갈렸던 감정을 조종하는 언어의 본질을 간파하게 될 것이다.

이제는 장기간 지속된 자책감과 높은 도덕감에 쉬이 구속되지 말아야 한다. 타인의 말이 타당한지 혹은 합리적인지 생각하지도 않았던 어리석은 일상에서 벗어나야 한다.

한 어머니는 아들에게는 자신을 스스로 책임져야 하며 자신의 삶을 살아야 하고 또 이를 위해 열심히 노력해야 한다고 가르치거나 교육하지 않는다. 오히려 딸에게 모자람 없이 동생(또는 오빠)을 보살펴주어야 하며 어머니 당신이 못다한 부분(경제력을 포함)을 보완하여 형제가 부족하지 않은 삶을 살 수 있도록 끊임없이 지원해주기를 지속적으로 요구한다.

이것은 매우 비이성적인 감정 조종이며 비합리적인 요구이다. 하지만 수많은 사람들이 어머니와의 관계에서 장기적인 죄책감(엄마의 칭찬을 받지 못해 느끼는 실망)과 감정 조종(엄마의 속을 썩이는 것은 못된 아이와 불효자라는 통념)에 시달린다. 이러한 감정적 갈등을 초래한 관계의 응어리를 냉정하게 바라보지 못할뿐더러 오히려 어머니의 요구와 논리를 합리화하는 것이다.

남의 인생을 대신
살아줄 수 있다는 착각

개인의 경계선이 없으면 관계의 질서가 무너진다. 이렇게 되면 일을 깔끔히 처리하지도 못할뿐더러 독립적인 자아로 성장해나갈 수도 없다.

한 가정 혹은 조직이 타인과 나의 경계선을 무심코 깨버리고 의도적으로 개체성을 모호하게 만들어 상호 의존과 공생에 기대어 생존을 보장받고자 하거나, 심지어 일부 사람들은 아무런 기여도 없이 이익을 취한다면 이는 건강한 가정이나 조직이라고 볼 수 없다.

이성적인 사고 기능이 없는 가정은 그 특성이 대물림된다. 다음 세대뿐 아니라 그다음 세대도 계속해서 비이성적인 방식으로 타인과 나의 관계나 인생 문제를 사고하고, 감정적인 생존 방식에 기대어 본능적이고 자동화된 방식으로 반응하거나 행동할 것이다.

경계선이 모호한 가정이나 조직에 속한 구성원들은 반드시 비이성적인 사고방식에 동화될 것이며, 개인의 권리와 자주권이 박탈당한 상황을 합리화하게 될 것이다. 그리고 이러한 공생 구조는 계속 이어진다.

하지만 가정 혹은 조직 구성원이 이를 간파하여 병들어 버린 상호 관계를 깨닫고 이것은 잘못된 것이며 강압과 착취일 뿐이라고 소리친다 해도, 오랫동안 이러한 환경에 동화된 사람들은 오히려 화를 참지 못하고 되레 꾸짖을 것이다. 왜 분탕질하며 멀쩡한 규율을 파괴하려 드는 것이냐고, 왜 이리도 사리 분별을 못하고 굳이 문제를 일으키려 하느냐고 말이다.

이러한 상황에서 누가 고립되는 것을 두려워하지 않고 용감하고 냉철하게 행동할 수 있겠는가. 그래서 다수에 편승해 경계선이 모호한 현상에 침묵으로 일관하며 군중을 따르는 것이다. 더구나 기존의 방식을 답습하여 본인이 마음대로 이용할 수 있는 다음 피해자를 찾아 나선다.

이러한 가정이나 조직이 원하는 것은 진정으로 문제에 직면해서 해결하는 것이 아니라 문제를 전가하거나 회피하는 것이다. 그러면 문제가 악화되어 서로 통제하고 피해를 줄 뿐이다.

한 가정이나 조직의 구성원이 집단의 공생을 원하며 위선적인 굴레로 서로를 구속하고 서로를 도저히 헤어 나올 수 없는 더 깊은 수렁으로 끌고 들어가고 있다.

외부에 구원의 손길을 내민다면 정말로 도움을 청하는 것인지, 아니면 사람을 아래로 끌어당겨 같이 나락으로 떨어지게 할지를 잘 구별해야 한다.

우리가 어느 곳을 향해 우리의 힘과 노력을 쏟아부을지는 반드시 생각해야 한다.

"인간에게는 자기 삶의 방식을 선택할 수 있는 능력이 있다."

– 알프레드 아들러

인간관계를 위협하는
위선적인 도덕형

타인과 나의 경계선을 정하고 자신에 대한 책임은 스스로 져야 한다고 말하면, 누군가는 이기적인 성향이나 극단적인 개인주의와 연관 짓는다.

관계의 경계선이란 완전한 독립적인 개체를 의미한다. 자신의 감정과 생각을 토대로 스스로 선택과 결정을 내린다는 것이다.

당신은 완전한 개체이다. 경계선이 있기 때문에 당신이 어떠한 존재, 즉 당신의 관점, 감정, 선택 그리고 당신의 소유물이나 권리가 구분되는 것이다.

자신과 주변 사람이 완전히 독립적인 개체가 아니기를 바라는 사람이 있을까?

자신과 다른 사람이 마음대로 지배받고 잠식당하며 조종당하기를 바라는 사람이 있을까?

완전한 독립이라는 개념이 없는 사람이 어떻게 다른 사람과 평등하고 협력적인 관계를 맺을까?

또 불완전한 사람이 어떻게 진정으로 타인의 인생의 완전함을 존중하고 지지해줄까?

한 사회가 '경계선'을 강력하게 배척한다면 인간의 완전한 독립을 받아들이지 않겠다는 것과 같다.

이러한 사회에는 의존성이 강한 사람, 통제 성향이 강한 사람, 패권을 추구하는 사람, 규율을 무시하며 제멋대로 구는 사람, 반대를 배척하는 사람 등이 많을 것이다. 의존적인 성향이면서도 통제욕이 강한 사람은 그보다 더 많을 것이다. 경계선이 모호하면 표면적으로는 '너무 재고 따지지 않는 삶'을 표방하는 듯하지만, 사실 '나는 너를 마음대로 대하며 잠식해나갈 테니 불만을 품지 말라'고 하는 것과 같다.

그러므로 경계선을 논하지 않는 사람이 '정말로' 이기적인 것이다. 타인의 감정과 피해는 거들떠보지도 않으니 말이다.

경계선을 중시할 줄 아는 사람은 자신의 책임을 중요하게 생각하고 자신의 삶도 잘 돌볼 줄 안다. 자신의 분수를 잘 알며 타인의 바람이나 선택을 존중할 줄도 아는 것이다.

그러므로 더 이상 타인과 나의 경계선을 이기적으로 생각해서는 안 된다.

사람과 사람 사이에 경계선이 존재하는 것을 두려워하는 사람은, 자신의 두려움과 초조함이 어떠한 방식으로 상대를 '당연히' 의존하거나 요구하는 성향으로 만들었는지 돌이켜봐야 한다.

타인에게 강요하면서
자기만족을 취하는 사람

자신이 감당하기 싫은 책임은 피하려 하거나 성장하는 데 필요한 것들을 배우지 않으려는 사람은 의존과 회피 성향이 강해서 다른 사람에게 기대는 경향이 크다.

좋은 부모가 되기란 쉽지 않은 법이다. 배워야 하는 것이나 직면해야 하는 어려움이 필연적으로 존재하기 때문이다. 양육과 교육 사이에서 균형점을 어떻게 찾아나갈 것인지, 어떻게 아이와 관계를 맺을 것인지, 아이에게 자신의 인생 발전에 필요한 과제들을 어떻게 가르치고 인도할 것인지를 생각해야 한다.

하지만 책임감이 없는 부모는 좋은 부모가 되기 위한 노력들을 대수롭지 않게 여긴다. 또한 책임을 아이에게 전가하며 아이의 부족함을 질책하고 자기 마음에 드는 행동을 하지 않으면 아이를 꾸짖는다. 그들은 마치 아이들은 내버려두어도 알아서 크고 사회에서 어떻게 생존해나가야 하는지를 이미 알고 있다는 듯 방목하고 있다.

또한 일부 부모는 아이의 교육에 대한 책임을 다하지 않으며 좋은 부모가 되고자 하는 노력도 하지 않는다. 그러면서도 자식이 성장하면 지나친 요구를 하며 의존하기 시작한다. 부모가 자식을 낳아주었으니 부모의 기대와 요구에 부응해야 한다는 논리로 아이를 지배하고자 한다.

이러한 가정에서 태어난 아이는 홀대와 냉대 속에서 자라게 되며 심지어 부당한 대우를 받는다. 어느 정도 성장하여 힘겹게 자신의 인생을 살아가게 되었을 때도 부모의 위협이나 감정적 호소로 인해 가족과 부모를 위한 무조건적인 희생과 인내를 강요받는다.

이러한 부모는 아이를 낳은 순간부터 안 좋은 습관들이 고착된다. 자신이 책임져야 할 것은 무엇인지, 자신이 제대로 된 교육을 해줄 수 있는지, 어떻게 해야 자신과 아이가 행복하게 살 수 있는지, 그리고 인생에서 마주쳐야 하는 여러 스트레스와 문제들을 잘 해결해나갈 수 있는지에 대해 고민하지 않는다. 오히려 아이를 자신의 연장선으로 생각하여 자신의 욕망과 갈망을 아이에게 주입하고 만족할 만한 결과물을 만들어내기를 요구한다.

이러한 부모는 본질적으로 매우 무능하다. 치기 어리며 충동적이고 무지하지만, 거만과 자만으로 가득 찬 자기중심적인 성향을 가지고 있고, 인간관계가 무엇인지 그리고 '모든 사람들은 독립적인 개체'라는 개념을 전혀 이해하지 못한다. 생활 속에서 '사고력'과 '문제 해결 능력'을 발휘하지 못하며, 삶의 가장 기본적인 생리적 욕구만을 충족하려 든다.

이러한 사람은 부모의 역할뿐 아니라 형제, 동료, 배우자의 역할에서도 경계선을 완전히 무시하며, 아무런 거리낌 없이 타인을 점유하고 착취하려 든다.

누군가의 반대나 저항 혹은 본인과 다른 의견에 맞닥뜨리면, 이들은 권위나 신분을 이용하거나 자신이 권력을 쥐고 있다는 태도로 상대의 의견을 용납하지 않는다.

이들은 당신의 '부드러움'을 무시하거나 짓밟으려 들 것이다. 당신의 반응을 살피거나 주시하지 않고 밑 빠진 독을 채우듯 매번 더 많은 요구를 한다. 당신에 대한 이해나 배려 없이 오히려 더 강압적으로 위협을 가한다.

사람과 사람이 함께 생활하기 위해서는 기본적인 도덕이 필요하며, 서로의 협력을 촉진하는 동력은 좋은 품성이다. 하지만 일부는 도덕과 좋은 품성을 악용한다. 정작 본인에게는 너무나 관대하면서 상대에게는 도덕적인 요구를 하면서 구속하려 든다.

이들이야말로 인간관계의 경계선을 파괴하는 사람이다. 타인을 통제하여 자신의 만족을 추구하는 것은 당신의 자원을 착취하고 당신의 생명력을 갉아먹을 뿐 아니라 당신과 관계의 경계선을 산산조각 내는 행위다.

"자신의 성격대로만 살아가면서
상대방의 감정을 고려하지 않는다면,
오만하고 거만한 사람으로 변해갈 것이다."

– 알프레드 아들러

자신의 책임을 떠넘기는
책임 전가형

당신의 양보와 관용은 주변에 책임 전가형 인간과 당신에게 일말의 미안함도 가지지 않는 얌체 같은 사람들을 만들어낼 것이다.

당신에게 이러쿵저러쿵 훈수를 두는 사람은 모호한 경계선을 가지고 있다. 이들은 습관적으로 자신이 책임져야 할 일들을 타인에게 떠넘기거나, '뜻밖의' 사건이 발생해 본인이 어떤 책임을 지지 않아도 되는 '뜻밖의 수확'을 얻기를 기대한다.

이런 부류는 어떤 일을 할 때 자신이 어느 정도의 정력을 쏟아부어야 할지를 명확하게 파악한다. 그러다 점점 문제가 나타나거나 상황이 안 좋아져서 도저히 해결할 방법이 없다는 판단이 들면, 당신이 해결해주길 기대하거나 요청한다.

여러 가지 방식과 태도로 다른 사람의 책임과 희생 혹은 무조건적인 양해를 구하면서도, 스스로 반성하지 않는다. 자신이 내린 결정과 행동을 되돌아보며 도대체 어디서 잘못되었는지를 점검하지 않는다.

스스로 책임지지 않는 심리는 계속해서 어떤 문제를 고민할 필요 없이 뜻밖의 행운만을 기대하는 악순환으로 이어진다. 그런 사람의 주변에 타인을 위기에서 구원해줌으로써 '자신을 좋은 사람'으로 여기거나 '자신의 능력이 출중하다'고 생각하는 인물이 있다면, 상호 간에 의존과 요구가 톱니바퀴처럼 딱 맞아떨어지는 긴밀한 공생 관계를 구축하게 된다.

당신의 주변에 자신의 책임을 타인에게 전가하는 사람이 있는가? 당신이 모든 걸 바쳐가며 그 책임을 대신 져주지 않는가?

상대의 요구를 들어주는 데 익숙하다

자신의 행위를 책임지지 않으려고 하는 사람은 자신의 어떤 행동이 잘못되었기에 이러한 문제가 불거졌는지, 그리고 복잡한 관계가 왜 이렇게 연달아 발생했는지를 돌이켜보며 반성하지 않는다.

의존적인 사람은 인간으로서 갖추어야 할 학습 능력과 자아를 충만하게 할 수 있는 기회를 포기한다. 다른 사람이 대신 책임져

수기 때문에 노력하지 않아도 손해볼 일이 없다.

하지만 그 책임을 대신 져주는 사람은 걱정스럽게 물어볼 것이다.

"어떻게 하려고 그래? 문제가 산더미인데. 네 인생에는 해결해야 할 일이 왜 이렇게 많은 거니?"

그러나 결국 이러한 문제들을 대신 책임지면서 필사적으로 이끌고 지도해주기도 하고, 심지어 직접 문제를 해결하여 빠르게 안정될 수 있도록 노력한다.

더 나아가 타인의 문제를 해결해주느라 자기 삶의 가치는 떨어지고, 타인에게 자신이 필요하다는 허상을 만들어 타인은 부족하고 나약하며 무능한 사람이라고 여길 것이다. 또는 타인에게 '불행한', '가엾은', '무력한' 등의 꼬리표를 붙이고 그들의 능력을 과소평가한다. 그들은 학습할 능력도 없고 경험에서 어떠한 교훈도 얻지 못하니 자신이 나설 수밖에 없다고 말이다.

하지만 이렇듯 표면적으로는 수요와 공급이 맞아떨어지는 듯 보이는 공생 관계가 정말로 장기간 지속될 수 있을까?

서로 필요한 것을 만족시켜 주는 동안은 둘 다 불만이 없을 것이다. 하지만 그동안 부정적인 감정의 스트레스가 천천히 형성되고 있다. 그러다 어느 시기에 도달하여 도움을 주는 사람이 더 이상 책임지지 못하거나 에너지가 고갈되면 점차 핍박자로 변한다. 의존하는 사람의 무능과 무력함을 비난하기 시작하며 의존하는 사람이 변하도록 압박하고 심지어 감정을 통제하지 못하고 악언을 퍼붓는 방식으로 모욕할 것이다. 이러한 관계에서 어느 쪽이 피해자인지는 쉽게 단언하기 어렵다.

관계의 과정을 돌이켜보면 양측은 이미 부지불식간에 서로의 가해자이자 피해자가 되어 있다. 의존하는 사람은 자신을 책임질 여력이 없고, 도움을 주는 사람은 자신이 쏟아부은 것들이 모두 헛수고라고 여긴다. 그리고 의존하는 사람이 자신처럼 능력과 책임감을 가진 사람으로 변모하지 못했다는 사실에 개탄한다.

"의존하는 사람은 어떠한 연유로 계속 의존하는 것이며, 아무것도 책임지거나 감당하지 않는 것인가?"

누가 자신의 부탁을 들어줄 수 있는 사람인지 곧바로 찾아낼 수 있는 것은 점진적 요구가 계속해서 먹히고 있기 때문이다. 사소한 부탁부터 시작해서 더 많은 요구를 하기까지, 한 걸음씩 천천히 나아가며 점차 뻔뻔하고 과감하게 요청하는 것이다.

그들은 상대방의 경계를 허무는 능력이 있다. 아무것도 모른다는 듯 순박한 태도를 보이곤 한다. 그들은 무력함을 무기로 삼거나 '보호 본능'을 자극해 상대가 거부하지 못하도록 충동질한다.

이렇게 감정에 호소하거나 감정적 유대로 타인을 조종하는 사람들은 점진적 책임 전가형의 고수인 셈이다.

이러한 사람들은 우리 사회에 적잖이 포진되어 있다. 이들은 노련하게 사람들을 조종해서 착취하고 관계를 잠식해간다. 이익 경쟁이 팽배한 사회의 다양한 분야에서는 이를 부추기고 있다. 먼저 최소한의 비용이나 대가를 지불하도록 하는 것을 시작으로 조금씩 당신의 자본이나 자산을 먹어치우는 사례는 셀 수 없이 많다.

이러한 점진적 책임 전가형의 요구를 들어주는 데 익숙해져 있지 않은가?

무의식중에 일정 기간 착취당하지는 않았는가?

갈수록 악화하기만 하는 인간관계는 일찍이 당신의 인생에 그 흔적을 남겼을 것이다.

"인간 행동에 가장 중요한 법칙이 하나 있다.
그 법칙을 따른다면 우리는 어떤 위험에도 봉착하지 않을 것이다.
그 법칙은 언제나 다른 사람으로 하여금
자신이 중요한 사람이라는 느낌을 갖도록 만드는 것이다."

– 《데일 카네기의 인간관계론》(데일 카네기)

이성과 감정을 구분하지 못하는
혼란형

많은 사람들이 이렇게 말하곤 한다.

"어쩔 수 없었어! 감정이 끓어올라 완전히 폭발해버렸을 때, 도저히 이성적으로 생각할 수 없었어."

또는 이렇게 말한다.

"내 감정이 뭔지 잘 모르겠어. 그냥 문제를 해결하고 싶다는 생각뿐이야."

이런 말을 하는 사람은 관계의 경계선이 모호하거나 느슨해졌을 가능성이 크다. 이들은 하나의 공통된 문제를 안고 있다. 바로 '이성'과 '감성'의 기능을 구분하지 못한다는 것이다. 이런 경우 이성과 감성이 하나로 뒤섞여 제 기능을 하지 못한다.

이성적인 사고로 판별해야 할 때 감정이 북받치면 스스로 사고

할 수 없는 상태가 된다. 반면 감정을 잘 표현하고 전달해야 할 때는, 오히려 '이성'의 압박이나 구속을 당한다. 각종 설득과 평가 그리고 생각으로 끊임없이 자신의 감정을 억제하는 것이다.

결국 감정을 잘 표현해야 할 때 제대로 표출하지 못하고, 이성적으로 판단해야 할 때는 오히려 감정에 휩쓸려 최선의 결정을 내리지 못한다.

이렇게 이성과 감성을 적절하게 사용하지 못한다면 경계선을 제대로 세우지 못하게 된다. 이는 타인과 나의 관계에서 경계선을 구분하지 못하는 시작점이 된다.

타인과 나의 관계에서 경계선을 잘 구축하는 데는 감정과 이성 모두 중요하다. 2가지가 균형을 잃으면 큰 덩어리로 뒤섞인 밀가루 반죽처럼 제 기능을 하지 못한다.

논리와 감정은 모두 연습이 필요하다. 논리적 사고는 반드시 필요하다. 예를 들어 문제를 이해하거나 문제를 해결하는 방법을 생각할 때, 문제가 발생하게 된 요인을 객관적으로 분석할 때, 결과를 예측할 때, 그리고 사건의 인과관계를 알아내기 위해 현황을 파악할 때는 인지적 사고의 과정이 필요하다.

사고 기능이 제한되거나 억압된 사람들은 보통 감정 에너지가 너무 왕성하다. 감정이 북받쳐 오르면 이성적 사고와 명확한 판단이 어렵다.

반대로 감정 또한 반드시 필요하다. 감성은 서로를 연결해주는 매우 중요한 소통의 루트이다. 감정을 전달함으로써 우리는 존재의 의미와 귀속감을 느낄 수 있으며, 감정적 공유로 친밀감을 느껴서 외로움이나 소외감을 덜어낼 수 있다.

감정이 억압되거나 결여된 사람들은 다른 사람과의 교류에 어려움을 겪으며, 고독감을 극복하기 힘들어하고, 타인과 유대 관계를 맺지 못한다.

타인도 공감대를 형성하기 어려워 결국 감정적 관계가 끊어지거나 소원해져서 관계가 오래 지속되지 못한다. 그렇기에 깊은 관계를 맺거나 의미 있는 친밀한 관계를 맺기가 어려운 법이다.

이성과 감정이
제 역할을 하게 하라

우리 주변에서는 이성과 감성이 하나로 뒤섞인 상황을 쉽게 접할 수 있는데, 대부분 가정에서 비롯된 것이다.

성장 과정을 상상해보자. 가족 내에서 감정의 표출을 억제한다든지 설교나 분석 쪽으로 치우치게 되면 감정적 경험을 공유할 수 없다. 또한 감정의 교류를 통한 조율이 어렵기 때문에, 감정이 계속 쌓이고 교착되어 점차 굳어지고, 심한 경우 왜곡되기도 한다.

반대로 가족 내에서 현실적인 문제를 해결하기 위해 사건의 정황과 요소들을 객관적으로 분석한다고 가정해보자. 이때 이성과 감정의 균형을 잃어버린다면 오히려 감정의 분출이나 소용돌이에 휘말릴 수 있다. 감정이 계속 확대되어 이성을 잠식하는 것이다. 이처럼 감정의 통제를 받는다면 이성적인 사고를 하거나 문제를 객관적으로 분석할 수 없다. 시간이 계속 흘러가지만 끝내 문제를 해결하지 못하고, 되레 문제가 반복된다.

어떠한 상황이든 이성과 감성의 기능이 균형 있게 구분되지 못하는 가정환경에서는 이성과 감성이 서로를 잡아먹거나 어느 한쪽이 다른 한쪽의 기능을 억압한다.

당신이 감정과 이성 중 어느 쪽이 더 강한지 알고 싶다면 말하기 습관부터 돌아봐야 한다. 그러면 자신이 내면의 어떠한 기능을 방치했거나 등한시했으며 제대로 돌보지 않았는지 발견할 수 있다.

자신에 대해 어느 정도 인지하기 시작하면 자기 주변에 있던 수많은 사람들이 눈에 들어오기 시작한다. 이성과 감성의 기능이 뒤섞이거나 한쪽 기능에만 지나치게 의존하여 다른 내면의 발전을 완전히 차단하는 부류들 말이다.

당신의 이성과 감정이 불분명한 상태이고 서로를 억압하거나 잠식하고 있다면, 필요할 때 감정과 이성을 제대로 사용할 수 없다.

결국에는 자신도 스스로 전혀 파악되지 않을 만큼 혼란스러워질 것이다. 길피를 잡지 못하고 냉철한 분석을 할 수 없을 정도로 말이다.

자신의 내재적인 경계선을 공고히 다지는 연습을 하고, 관계의 경계선을 잘 유지해나가기 위해 먼저 이성과 감정을 잘 구분해야 한다. 그런 다음 매 순간에 진정으로 활용해야 하는 기능이 무엇인지를 알아야 한다.

감정이 있어야 이해와 연결 그리고 반응과 공명이 있고, 이성이 있어야 분석과 결정을 할 수 있다. 자신의 언행을 명확하게 인지하고 감정과 이성을 잘 구분해야 비로소 짙은 안개 속에 가려졌던 경계선을 명확하게 볼 수 있다.

"남을 지배하고자 하는 욕구는 공동체 의식에 의해 결정된다.
한 사람을 제대로 판단하려면
다른 사람보다 우월한 위치에 서고자 하는 노력과
공동체 의식을 비교해야 한다."

– 알프레드 아들러

노력으로 존재 가치를 증명하는
자책형

'약자를 억압하는 사람'은 왜 항상 존재하는 것일까?

그들은 미안함을 느끼지 못하는 것일까, 아니면 자제력이 부족한 걸까?

우선 타인과 나의 관계에 경계선이 있어야 한다는 것을 알면 '약자를 억압하는 행위'는 저지르지 못할 것이다. 그리고 당신이 많이 베푸는 사람(시간, 체력, 재력, 정력, 노력 등을 모두 포함)이라고 한다면 상대는 당신을 가만히 내버려두지 않을 것이다.

당신이 '안 돼'라고 하거나 '할 수 없다'라고 명확하게 의사 표현을 하지 않고 언제까지나 자신의 것을 베풀어줄 것처럼 행동한다면 그의 요구는 계속될 것이다.

당신은 더 이상 내어줄 것이 없으니 계속 요구해봐야 소용없다는 것을 알려줄 필요가 있다. 그러면 그도 당신에게 언제까지나 받을 수만은 없다는 것을 알아챌 것이다.

당신이 내어줄 것이 없거나 내어주지 않으려는 마음이 있다는 것을 상대가 알아채지 못하기를 바라는가? 늘 좋고 착하며 타인을 위할 줄 아는 사람으로 남기 위해서 말이다.

마음속으로 완곡하게나마 거절하고 싶은가, 아니면 좋은 사람으로 남고 싶은가?

'너는 참 좋은 사람이야', '넌 정말 착해', '정말 아낌없이 주는구나'와 같은 칭찬을 받고 싶어 하지 않는가?

많은 사람들이 스스로 좋은 사람 혹은 착한 사람이 되고자 한다는 것을 인정하지 않는다. 그들은 그저 마찰을 피하고 싶고 분쟁이 두려울 뿐이라고 생각한다.

하지만 잘 생각해보자. 습관적으로 분쟁을 피하고자 하는 것은 당신이지 상대방이 아니다. 분쟁이 일어나는 것을 당신이 원하지 않으면 상대방도 당연히 그것을 알아차릴 수 있다.

자신의 경계선은 자신이 지켜야지, 타인이 스스로 분수와 정도를 알고 그에 맞게 행동하기를 기대해서는 안 된다.

당신이 하지 못하는 일을 명확하게 표현해야 한다. 상대방을 계속 떠보는 것보다 훨씬 낫고 서로의 시간도 절약할 수 있다.

어떤 사람이 늘 당신에게 무언가를 얻어내려 하거나 도움을 바라면서도 다른 사람에게는 베풀지 않는다면, 당신은 '왜 내가 꼭 들어주어야 해?'라는 생각을 가져야 한다.

타인이 상처받을까
두려워하지 마라

누구나 거절당하는 것을 두려워한다.

당신이 과거에 거절로 말미암아 자존심에 상처를 입었고, 아직 그 상처가 아물지 않았다면, 이러한 감정을 타인에게 투영해 그들도 거절로 인해 큰 상처를 받지 않기를 바랄 것이다.

당신은 상대방이 상처받을까 봐 걱정하고, 자신이 타인에게 상처를 줄까 봐 두려워한다. 그렇기에 당신은 거절하지 못한다. 그래서 당신은 자신이 거절해도 상대는 다른 해결책을 찾아내거나 문제를 해결할 방법을 습득할 수 있다는 사실을 전혀 생각하지 못한다.

이러한 생각이 미치지 못하는 것은 당신의 사고가 갇혀 있기 때문이다. 당신은 지금 자신에게 도움을 청하는 사람과 과거에 거절당했던 자신을 동일시하고 있다. 과거의 자신과 지금 눈앞에 있는 상대가 중첩되는 것이다.

당신은 눈앞에 있는 타인이 과거의 당신이 아니라는 사실을, 그리고 지금의 당신 또한 과거에 거절로 인해 상처받았던 자신이 아니라는 것을 알아야 한다. 서로 다른 두 사람을 같은 사람인 것처럼 착각해서는 안 된다. 두 인격체가 서로 다름을 고려하지 않거나 구분하지 못하는 것을 경계해야 한다.

상황과 환경을 명확히 파악하거나 이해하지 않고, 자책감이 앞서서 대응하는 것은 내면의 깊은 곳에 자리한 초조함 때문이다.

복잡하게 뒤엉킨 문제를 해결하는 과정은 정말 고되고 지난한 여정이다. 과거의 껄끄러웠던 인간관계가 다시 생각나거나 거절당했을 때 느꼈던 부끄러움과 난처함과 같은 잠재의식의 부정적인 감정은 블랙홀과 같아서 자신을 정체 모를 어둠의 소용돌이로 무섭게 빨아들인다.

당신은 지금 당장의 현실적인 상황이나 실제 능력에 빗대어 자신의 선택과 거절을 하는 것이 아니다. 오히려 과거의 수많은 불쾌한 경험을 대입하고 있다.

당신은 과거에 자신이 좋은 사람이 아니었기 때문에 거절당했을 것이라고 오해하고 있을지 모른다. 상처받은 기억과 경험이 있으면 스스로 좋은 사람임을 증명하기 위해 끊임없이 타인에게 순응하게 된다. 다른 사람이 점차 무리한 요구를 해오며 당신에 대한 배려나 존중을 전혀 내비치지 않더라도 당신은 거절하지 못한다.

제어 불가능한 모든 충동은 대부분 콤플렉스에서 기인하거나 트라우마라는 그림자에서 비롯된다. 트라우마를 다시 겪지 않기 위해 그리고 괴로움을 다시 느끼지 않도록 모든 힘을 쏟아부으려고 한다. 타인에게 배척되거나 버려지지 않기 위해 나쁜 사람으로 비쳐지지 않으려는 것이다.

당신은 존재 자체만으로 존중받아야 하고 그 자체로 당신만의 가치를 지니고 있다. 당신은 모든 사람들의 요구를 들어줄 필요가 없으며, 다른 사람의 만족을 통해 자신의 존재감을 증명할 필요도 없다.

당신이 내면에서부터 자신의 존재를 인정하고 싶다면, 우선 자신의 가치를 존중하고 자신이 '나쁜' 사람은 아닌지 습관적으로 의심하는 것부터 중단해야 한다.

다른 사람에게 도움이 되어야만 좋은 사람이 되는 것은 아니다. 자유롭게 선택하고 결정하고 행동하여 진정한 본인의 모습으로 살아가면 된다.

"온갖 걱정과 근심, 불안과 긴장, 초조함과 분노와 같은 감정은
대부분 타인과 관련된 것이다."

– 아르투어 쇼펜하우어

타인을 도구화하는
나르시시즘형

어떤 사람들은 다른 사람에게 협조나 도움을 요청할 때, 마치 무료로 제공되는 화장지를 뽑아 쓰듯 대수롭지 않은 태도를 취한다.

이런 행동을 하는 사람은 상대가 본인의 요구를 들어주기 위해 얼마나 많은 시간과 정력을 쏟는지 생각하지 않는다. 마치 타인이 언제 어디서든 자신을 만족시킬 수 있는 것처럼 말이다.

그들은 도대체 어떠한 심리 상태인 걸까? 의존적인 성향을 제외하고 보면, 대부분 상대를 존중하거나 예의를 갖추어야 할 존재로 여기지 않는다.

그들은 타인을 도구로 여기기에, 그들이 어떤 요청을 하면 타인은 그 요구를 들어주어야 한다. 버튼을 누르면 작동하는 기계처럼 어떠한 감정도 느끼지 않고 피로나 소모 또한 없다.

너무나도 많은 사람들이 이러한 방식으로 상대방을 대한다. 상대방을 하나의 '만족 공급 장치'와 같은 존재로 보는 것이다.

그들은 상대가 본인의 요청을 들어주는 과정에서 어떤 경험을 하며, 어떤 문제에 직면하고, 어떤 난관들에 부딪히는지는 전혀 고려하지 않는다. 그저 상대가 일을 매우 쉽게 처리할 수 있으리라 생각할 뿐이다. 자신이 그러한 과정들을 직접 겪어야 한다는 생각은 하지 않는다.

정말로 쉽게 처리할 수 있는 일들일까?

그렇게 쉬운 문제라면 왜 본인이 직접 해결하지 않는 걸까?

이러한 사람들은 타인을 지휘하거나 지시하는 데 익숙하다. 타인이 당연히 수고로움을 마다하지 않고 본인을 만족시켜야 한다고 생각한다. 그들은 타인의 경험과 감정을 이해하려 한 적이 없기 때문이다.

많은 사람들이 자신이 세계의 중심이라는 것을 전혀 자각하지 못하고 있다.

그들은 이런 표현을 자주 한다.

"너는 나를 실망시켰어."

"이러면 나는 너를 좋아할 수가 없어."

"나는 너에 대해 부정적으로 생각하게 될 거야."

그들은 자신을 지고한 존재라 여기고 모든 것과 모든 세상이 자신의 기준에 따라 나누어진다. 반면 상대는 그들의 요구와 평가에 맞춰 행동해야 하고, 그렇지 않으면 관심을 주거나 존중할 가치가 없다고 생각한다.

그들은 오로지 '자기'만 존재하는 세계에 살고 있다. 다른 사람들이 자신이 설정한 기준을 위배하면 마음속에 세워진 '완벽한 유토피아'를 해치지 않도록 마땅히 배제되어야 할 존재가 된다.

조건부 관계는
깨질 수밖에 없다

이러한 강박 성향이 있는 사람은 타인의 '사물화', '도구화'를 당연시한다. 이 세상의 모든 사람들은 각자에 걸맞은 위치와 공간이 있으며 그것들은 착취하거나 박탈할 수 없다는 것을 전혀 인지하지 못한다.

강박 성향이 있는 사람은 자신이 무너지거나 혼란스러움에 빠지지 않기 위해 상대를 통제한다. 그럼으로써 모든 사람들이 통제해서는 안 되는 생명체이자 유기체라는 것을 이해하거나 받아들이지 못한다.

SNS에서는 이러한 표현 방식을 쉽게 접할 수 있다.

"그동안의 지지를 철회할게요."

"당신이 하는 일을 좋아할 수 없네요."

"당신이 한 말에 정말 실망했어요. 당신은 좀 바뀌어야 해요."

이것은 지배와 요구의 일종으로, '내가 지지하길 바라면, 내 마음에 들도록 행동해야 한다'는 의미가 담겨 있다.

지지나 동의 그리고 선호도의 표현은 일종의 권리이므로, 지지하지 않거나 좋아하지 않는 감정을 표현하지 말라는 뜻이 아니다. 문제는 이러한 감정과 심리 반응이 아니라, 사람과 사람 사이에 반드시 있어야 할 상호 존중과 평등을 무시한 채 본인의 느낌과 감정으로 다른 사람을 위협하거나 강제한다는 점이다.

마치 그가 실망한 것이 큰 문제이거나 잘못된 상황인 것처럼 여기게 만들어, 그가 만족하지 못했을 경우 누구든 합당한 처벌을 받아야 하는 것처럼 인식하게 만든다.

자기중심적인 편협한 사고로 타인을 지배하거나 통제하려는 행위는 사실 착취와 침해의 일종이다.

하지만 자기중심적인 사람은 이를 전혀 느끼지 못한다. 나르시시즘에 빠진 사람은 자신이 타인을 압박하고 있다는 것을 인지하지 못하기 때문이다.

건강한 경계선은 교류나 보호의 기능을 수행할 수 있는 탄성이 있어야 한다.

우리는 이를 실선과 점선에 비유할 수 있다. 실선은 외부의 충격과 피해를 줄여주며, 점선은 집의 문이나 창문과 같아서 유동적인 공간을 확보하여 내면에 신선한 공기가 순환될 수 있도록 한다.

하지만 자기중심적인 사람의 경계선은 극단적으로 닫혀 있다. 자신의 이익을 보호하고 본인의 욕망과 필요를 만족시키기 위해 자신의 견해만 고집하여, 열린 마음으로 타인의 존재와 개성을 이해하거나 받아들이지 않는다.

그는 자신의 잣대로 타인이 (자신의 마음속에 존재하는) 규범을 어기지는 않는지 재단하며, 망치를 들고 다른 사람의 모난 부분을 끊임없이 두드려댄다.

그는 실망이 커질수록 자신의 분노를 억제하지 못하기에, 모든 역량을 총동원하여 본인이 잘못되었다고 여기는 것들을 해결하려 든다. 비록 그 대상이 '사람'일지라도 말이다.

당신의 삶이 자기중심적인 사람에 의해 끌려 다니고 있지는 않은가?

모든 일을 전부 해결할 방법이나 능력을 갖춘 사람은 없다. 늘 한계가 있다는 것을 명확히 알아야 한다.

'부탁'이 '요구'보다 나으며, '문의'가 '지시'보다 낫고, '존중'이 '당연함'보다 좋다.

당신은 하나의 준칙을 양측의 상호작용에 활용할 수 있다. 그가 진중하게 표현하면 당신도 신중하게 고려하는 방식으로 말이다.

당신은 비례의 원칙을 고수해야 한다. 상대가 당신의 부탁을 대수롭지 않게 여기면, 당신도 성심성의껏 그의 요구를 들어줄 필요가 없다.

자기중심적이고 나르시시즘 성향이 강한 사람에게 맞춰줄 필요 없으며, 자신의 심신 건강과 자원을 공연히 허비할 필요 없다.

자신의 일에 스스로 시간, 정력, 체력, 노력 등을 쏟아붓지 않으면 누가 대신 해주겠는가?

"인간이 직면하는 모든 문제는 관계에서 비롯된다.
그러한 관계가 현실을 만들어내기 때문이다.
인간은 항상 관계의 문제에 대답하면서 살아간다."

– 알프레드 아들러

심리적 안전을 방치하는
포기형

당신의 거주 공간이 타인에 의해 함부로 점유당하지 않아야 하듯이, 당신의 심리적 공간 또한 그래야 마땅하다.

어느 누구도 당신의 심리적 공간을 침해하거나 당신을 위협하고 점유해나갈 권리는 없다. 제멋대로 당신의 심리적 공간에 폐기물을 버리고 소란을 일으키거나 어지럽힐 수도 없다.

습관적으로 자신의 심리적 공간을 노출해서는 안 되며, 자신을 위해 온전한 보호막을 세워나가는 일을 게을리해서도 안 된다.

자신의 주거 공간을 열어주어 타인이 제멋대로 당신의 안전 구역을 침범하거나 가구를 옮기고 사용하는 것을 내버려두어서는 안 되듯이, 당신의 심리적 공간 또한 지켜내야 한다.

자신의 마음을 잘 지켜내고 늘 살피면서 안정적인 성품을 유지해야 한다.

타인의 공간을 제멋대로 침범하는 사람과는 일정 거리를 확보하고 유지해야 하는데, 이보다 더 중요한 점은 마음의 문을 쉽게 열어주지 않는 것이다.

다른 사람의 공간을 습관적으로 침범하는 사람은 애초에 이러한 행동이 잘못되었다고 생각하지 못하며, 당신이 문을 활짝 열어 타인이 마음대로 점유하기를 기다린다고 생각한다.

그러므로 상대가 자신의 잘못을 인식하고 스스로 물러나기를 바라서는 안 된다. 그것을 아는 사람이라면 당신의 공간과 영역을 제멋대로 침범하지도 않을 것이다.

자기 울타리의 평온과 안녕을 지키기 위해 당신은 그곳에 머물러서는 안 되는 사람들을 내보내야 한다.

당신이야말로 자신의 마음속 주인이므로, 다른 사람들의 비평이나 의심 따위는 귀담아들을 필요 없다.

초대받지 않은 불청객, 개인의 공간과 영역을 함부로 침범하지 말라고 하는데도 거칠게 들어오는 사람은 무례한 침입자이다. 그들의 악행과 거친 행동들을 막아낼 수 없다면, 당신이 신속하게 그 자리를 떠나는 것이 좋다.

곧바로 떠날 수 없는 상황이라면 최대한 빨리 당신을 도와줄 수 있는 주위 사람들을 찾아야 한다. 당신의 생활공간이 침입당하면

묵묵히 견딜 필요 없이 바로 신고하거나 다른 사람에게 협조를 구해야 한다.

다른 사람의 폭행과 침범에 직면하면 우리 마음속에서 강렬한 두려움이 일어날 수 있다. 두려움과 위협감이 점점 거세지면, 우리의 감정 경보 시스템이 격렬하게 반응해서 우리의 이성을 억제할 수도 있고 신체가 굳어서 움직이지 못할 수도 있다.

따라서 당신은 위기의 순간일수록 평정심을 유지하는 훈련을 해야 한다. 거대한 공포감에 잡아먹히지 않아야 비로소 유연한 사고력을 통해 주변에 도움을 구하는 등의 여러 가지 대응 전략을 세울 수 있다.

우리는 평소에 마음의 문을 잘 살피고 또 지켜내는 연습을 해야 한다. 이것이 습관으로 자리 잡지 않으면, 타인의 침범과 통제를 받았을 때 머릿속이 하얗게 변한다. 또한 강력한 위기감과 두려움에 사로잡히면 자신이 무력하게 타인의 침범과 유린을 당할 수밖에 없다고 생각할 것이다.

우리는 스스로 본인의 가장이 되어야 하고, 또 보호자가 되어야 한다. 누군가가 당신의 보호자나 든든한 버팀목이 되어주기를 기대하거나 당신을 구원해줄 것이라고 상상했다면, 그 이유를 한번 생각해보자.

상대방이 어떤 능력과 성격을 가지고 있기에 당신의 마음을 지켜주는 수호자라고 여기는가?

미움받을 수 있어야
자기를 보호한다

과거의 경험으로부터 구속과 속박을 당하면 우리는 자신의 가장 중요한 보호자가 될 수 없다.

스스로를 매우 나약하고 무력하다고 느끼기 때문에 다른 사람에게 업신여김을 당하거나 '아니요'라고 말하지 못한다. 또는 폭력이나 학대에 노출된 적이 있다면 극도의 공포와 불안함을 느낄 때 과거의 안 좋은 기억이 오버랩되면서 두려움과 무력감이 재현되는 듯 느낄 것이다.

물론 자신을 보호할 수 있는 행동력과 기민함을 가지기란 결코 쉬운 일이 아니다.

완전한 자아와 내면의 관계를 성인과 내면 아이에 비유해보자. 행동력과 기민함을 잃어버린 성인은 겁먹거나 놀란 아이를 보호할 수 없다. 오히려 내면 아이가 강렬하게 저항하면서 위협을 가하는 사람들을 몰아낸다.

드라마 〈동백꽃 필 무렵〉에서는 아이를 데리고 시골로 내려가 술집을 운영하며 생활하는 미혼모 싱글맘이 등장한다. 그녀는 일찍이 엄마에게 버림받고 고아원에서 생활했기에, 보호받는다는 것이 어떠한 것인지 느껴보지 못했고 오롯이 자신의 노력과 힘으로만 살아왔다.

그녀는 홀로 아들을 키우면서 이웃 사람들의 조롱과 멸시는 물론 자신에 대해 이러쿵저러쿵 수군거리는 소리를 견뎌야 했다. 그러나 불합리하고 잔혹하기까지 한 대우를 받으면서도 어떻게 대응해야 하는지 알지 못했다.

그녀는 사람들에게 이유 모를 조롱과 모욕을 당하거나 주변의 무시와 멸시를 받기 일쑤였다. 그녀가 부당한 대우를 받을 때마다 여덟 살짜리 아들은 분노가 가득 찬 어조로 "우리 엄마 괴롭히지 마요!"라고 외치며 사람들을 몰아낸다.

좋은 엄마가 되고 싶었던 그녀는 아이를 집으로 데려와 왜 그런 식으로 말했냐고 물었고, 아이는 눈물을 터트리며 말한다.

"나도 이런 생활이 싫어. 그런데 엄마는 날 보호해주지 못하잖아! 매번 무시만 당하고 말이야. 여기에서는 나만 엄마를 좋아해. 다른 사람들은 다 엄마를 싫어하잖아. 나도 그냥 어린애일 뿐이야. 이렇게 나서서 엄마를 보호해주기 싫다고. 그런데도 엄마가 상처받을까 봐 걱정돼서 그런 거라고!"

'타인에게 민폐를 끼쳐서는 안 된다'는 자세로 타인에게 맞춰주다 보니 그들과 마찰이 생길 때마다 그녀는 회피를 선택하게 되었고 결국 아이를 보호해줄 수 없었다.

자신도 보호하지 못하는 그녀가 어떻게 아이가 처한 환경과 그 아이의 마음을 잘 살필 수 있겠는가?

우리 모두는 내면 아이와 이러한 관계를 맺고 있다.

내가 타인과 마찰을 피하고자 하며 타인의 미움을 받지 않는 것만 신경 쓰고 자신의 감정은 전혀 돌보지 않는다면, 내면 아이는 늘 참고 견딜 수밖에 없다. 이 과정에서 더 많은 분노를 느끼고 심지어 과도한 두려움으로 인해 자신의 감정을 분출해냄으로써 외부 환경의 위협과 불합리한 대우에 맞서게 된다.

완전한 자아, 그리고 성인의 자아는 내면의 감정과 요구에 따라 자신을 보호할 수 있어야 비로소 내재적인 감정의 평온을 찾을 수 있다.

자신을 믿을 수 있고 진정한 안전감을 느낄 수 있어야, 우리는 비로소 내면과 외면의 합치를 통해 적절한 행동과 방법을 취할 수 있으며, 자신의 권리를 보호하고 안전한 경계선을 잘 지켜나갈 수 있다.

"인생에 의미를 부여하는 것은 오직 자신이다.
목표를 달성하더라도 본인 외에는 아무에게도 이득이 없다.
성공은 오직 자신에게 의미가 있을 뿐이다."

– 알프레드 아들러

타인과 나의 거리를 가늠하지 못하는
무례형

타인과 적절한 거리를 가늠하지 못하는 사람일수록 타인의 영역을 침범하거나 침범당하기 쉽다. 왜냐하면 그들은 '자신에 대한 존중'이 무엇인지 모르기 때문이다.

늘 타인의 부당함과 냉대를 참는 사람들은 타인을 침범할 확률도 높다. 자신의 진실된 감정이나 선택이 무엇인지도 모르는데, 어떻게 타인의 감정과 선택을 이해하고 공감할 수 있겠는가?

자신은 상대의 냉대나 부당한 대우를 참는데, 상대는 강력한 거부 의사를 표하거나 거리를 두라고 경고하면 이들은 상처를 받고, 심지어 억울함을 느끼기도 한다.

"나는 좋게 대해주는데, 상대는 나한테 너무 차갑고 매정하게 대하는 것 같아."

그러나 이러한 상황에서도 경계선을 지키지 못하는 것이 생활의 혼란과 어지러운 인간관계의 근원이 된 것은 아닌지 되돌아보지 않는다.

우선 인간관계의 경계선에 대한 이해가 높아야 비로소 타인의 경계선을 명확히 구분할 수 있다. 자신을 존중하지 못하면 다른 사람에게도 개인의 심리적 공간이라는 경계선과 선택권이 있다는 것을 이해하지 못한다.

인간관계의 경계선이 명확하지 않은 사람들은 "넌 정말 이기적이 구나" 혹은 "너무 예민한 것 같네"와 같은 말을 자주 입에 담는다.

"넌 정말 이기적이구나"라는 도덕적 문제 제기와 "너무 예민한 것 같네"와 같은 문제 회피 방식으로 복잡한 인간관계의 상호작용을 단순화해버린다. 그리고 타인의 죄책감을 불러일으켜 자신이 원하는 행동을 강제하고자 한다.

복잡한 인간관계의 문제를 어떻게 해결할지 모르는 사람일수록 단순한 도덕관념에 따라 행동하고 타인에게도 강요한다.

예를 들어 가족에게는 어떤 책임을 지우지 않으려는 사람은 "뭐 어쩌겠어? 가족이잖아! 이기적으로 굴면 안 되지"와 같은 논조로 자기희생을 강요한다. 다른 가족들이 무책임한 행동을 하는 것도 감수하고 마음속 억울함과 불편함을 꾹꾹 누른다. 그러면서 가족이 서로 일정한 거리를 두고 각자의 생활을 명확하게 구분 지으려고 하면 "자기밖에 모른다"라고 비난한다.

타인의 기대에
부응하지 않아도 된다

자신의 생각, 반응, 행동 습관이 어디서 비롯되었는지 명확하게 인지하지 못하는 사람들은, 주체성을 상실하거나 이를 점유당하는 것조차 자각하지 못한다.

이들은 무의식적으로 자신에 대한 요구와 학대를 당연하게 받아들이고, 타인이 기대에 부응하지 못하는 것도 받아들이지 못한다. 상대에 대한 무례와 점유의 개념이 없기에 사람을 힘들게 하는 행동과 요구를 자주 늘어놓곤 한다. 또한 타인의 거부감과 불편함을 전혀 눈치채지 못한다. 심지어 다른 사람이 최대한 예의를 갖추어서 표명해도 전혀 개의치 않고 요구와 침범을 이어나간다.

타인과 나의 상호작용에 대한 경계선을 어떻게 설정해야 할지 모르는 사람은 주관적인 생각으로 다른 사람들을 추론하고, 본인이 개의치 않으면 다른 사람도 신경 쓰지 않을 것이라고 여긴다.

타인의 사생활에 지나치게 관심을 가지고 떠들어대는 사람들은 자기중심적이다. 상대가 불편한 기색을 내비쳐도 전혀 아랑곳하지 않고 사생활에 관한 것을 이것저것 따져 묻고, 오히려 상대가 너무 소심하고 예민한 사람이라고 생각한다.

　자기중심적인 성향을 드러내는 사람이 있다면 최대한 빠르게 대화를 마무리 짓고 자리를 떠나는 것이 좋다.

"타인에게서 주어지는 것들을 버리고
자신의 것으로부터 진정한 기쁨을 얻어야 한다.
자신의 것이란 무엇일까?
그것은 자신의 가장 좋은 부분을 말한다."

– 세네카

BOUNDARY

다른 사람을 자신의 기대를 만족시키는

역할이나 도구로 여긴다면

감정적 유대를 느낄 수 없다.

타인을 통해 자신의 내면을 채우려 할수록

나 자신을 잃어버리고 삶이 더욱 버거워진다.

PART
02

<u>두 번째 단계</u>

선을 넘는 관계의
함정

사랑과 통제의
모호한 영역

독선적인 사랑은 지배이며, 자기중심적인 관점에서 타인을 돕는 사랑은 통제이고, 타인이 어떻게 행동해야 할지 자기가 정하는 사랑은 조종이다.

내가 너를 사랑하는 만큼 이렇게 행동해야 한다는 것은 자기중심적인 사랑이다. 이들은 상대를 존중하기보다 초점을 '자신'에 맞춘다. 경계선과 존중이 없는 사랑은 대개 사랑이란 명목으로 사욕을 채우는 통제와 지배이다.

사랑은 사랑다워야 한다.

타인을 존중하고 타인의 경계선을 보호해주는 것이 사랑이다. 사랑이라는 이름으로 타인을 잠식하고 점유해나가는 것은 가장 기본적인 존중을 잃어버린 것이다.

이것은 성숙하지 않은 사랑이다. 성숙한 사랑은 존중과 이해가 바탕이 되어 있다.

가까운 관계일수록 존중이 필요하다. 관계가 가까워지면 상대방의 물건을 자신의 것처럼 여기고 상대방의 주체성을 박탈하며 서서히 자신의 관념으로 상대방을 좌지우지하려 든다.

이것은 꼭두각시 인형을 찾는 것이며, 타인을 제멋대로 조종하려는 행위다.

사랑하는 법을 배워야 성숙하지 않은 사랑을 성숙한 사랑으로 바꿀 수 있다.

사랑을 배우는 과정에서 모든 사람들은 각자 나아가야 할 방향이 따로 있다는 것을 알아야 한다. 아이가 자라면 언제까지고 부모 곁에 머무를 수 없는 것처럼, 아이도 자신들이 추구하는 인생이 있고 실현하고자 하는 가치가 있다.

실패한 아이를 만드는 건 부모다

성숙하지 못한 부모는 아이를 꼭두각시 인형으로 생각한다. 아이를 치장하고 지시하고 통제하면서 자신의 관념을 아이에게 투영하는 것이다.

그림책 〈손, 아귀〉에 나오는 이야기가 있다.

옛날 옛적에 한 엄마에게 하얗고 어여쁜 아이가 생겼어요. 아기를 사랑한 엄마는 아이를 위해서라면 해님 달님 별님도 따다 주고 싶을 정도로 아이를 정성껏 돌보았답니다.

아이가 입을 벌리면 음식을 넣어주었고 아이가 두 발로 걸을 필요 없도록 업고 다녔어요.

어느 날 힘에 부친 엄마는 아이가 대신 음식을 먹여주기를 원했어요. 하지만 아이는 지금껏 손을 써본 적이 없어서 손이 없어져 버렸다고 대답했지요.

그러자 다리가 아픈 엄마는 아이에게 업어달라고 말했어요.

하지만 아이는 지금껏 땅을 밟아본 적이 없어서 다리도 사라져 버렸다고 말했어요. 하지만 다행히 아이는 아주 큰 입을 가졌고, 그 입을 쫙 벌릴 수 있었지요.

엄마는 다 큰 아이가 기대에 미치지 못한다는 것을 알게 되었어요. 화가 난 엄마는 아이를 바다에 던져버리고 아이가 바다에서 이리저리 떠다니도록 내버려두었지요. 아이는 계속 울며 다시 엄마의 품으로 돌아갈 수 있기를 바랐어요.

애지중지하며 끊임없는 만족을 제공하는 것은 사랑인가, 아니면 박탈인가?

엄마가 사랑으로 끊임없이 만족시켜 준 결과 아이는 큰 입만 가지게 되었을 뿐, 엄마에게 보답할 손과 발조차 남지 않게 되었다. 아이는 결국 바다에 던져져 이리저리 헤매는 신세가 되었다.

아이는 자신이 무엇을 잘못했는지 모를 것이다. 이처럼 자신이 무엇을 잘못했는지도 모른 채 부모님의 인정을 받지 못하는 사람들이 있다.

이 모든 것은 '통제'에서 비롯되었다. 그들이 말하는 사랑이란 공을 들인 만큼 보답이 돌아와야 하는 것이다. 말도 잘 듣고 쓸모 있으며 얌전한 '바비 인형'과 같은 존재로 남아 있어야 한다. 하지만 부모의 더 큰 기대와 요구에 부응할 수 없을 때 당신은 실패한 아이, 부모가 내다버리고 싶은 아이가 된다.

당신이 수용과 복종, 순종을 선택하고 개인적인 의견이나 생각, 감정 등을 표현하지 않는 상황에서 기대와 프로세스에 맞춰 반응하지 않는다면, 부모에게 실망과 좌절 그리고 고통을 안겨주고 결국에는 관계의 단절을 겪게 될 것이다. 가정과 부모가 개인의 경계선을 무너뜨린 셈이다.

어릴 때 독립적인 개체로서 인정받지 못하면 성인이 된 이후에도 자신의 존재 가치와 의의를 긍정하기 어렵다.

"인생에서 원하는 것을 얻기 위해
첫 번째로 해야 할 일은
내가 무엇을 원하는지를 결정하는 것이다."

– 벤 스타인(미국의 배우)

함정 **2**

왜 친밀한 관계일수록
함부로 대할까?

친밀감이 형성되면 상대를 소중히 여기기 쉽지 않다. 타인과 어느 정도 가까워졌다고 생각되면, 심지어 충분한 친밀감이 형성되지 않았음에도 마음대로 대하거나 거침없는 요구를 늘어놓곤 한다.

상대방의 입장과 생각, 감정과 상태를 무시하고 '마땅히' 이러저러해야 하며 이런저런 것들을 공유해야 한다고 독단적으로 정의해버린 것이다.

상대가 당신을 이용하고 지배하며 지시하고 점유할 뿐 아니라 당신에 대한 권력을 가지고 있다고 생각하면, 당신에게 이를 '부정'할 권리나 자주성은 없어진다. 지위가 낮거나 자격이 부족한 상대를 소유하려 드는 관계는 사람들을 불편하고 숨 막히게 만든다. 결과적으로 우리는 점차 친밀감을 형성하거나 관계를 믿지 않게 되어 점점 고독한 사람이 되어간다.

가까운 사이일수록 존중하고 예의를 지켜야 한다. 양쪽 모두 주체로 존재해야 서로를 홀대하거나 잠식하지 않는다. 어떠한 관계이든 균형과 조화를 이뤄야 하며, 다른 사람에게 편안함과 안정감을 가져다주도록 노력해야 한다.

관계에 잠식당하면
내 인생은 없다

왜 친밀한 관계일수록 함부로 대하는 것일까?

이제 막 알게 된 두 사람은 서로에게 좋은 인상과 감정을 주려고 모든 말과 행동을 신중히 하며 상대방이 불편함을 느껴 좋은 관계를 형성하지 못할까 봐 전전긍긍한다.

하지만 관계가 안정기에 접어들거나 서로 공감대를 확인하면, 상대에 대한 존중은 한쪽으로 내던져버리고 자신의 본성을 드러내며 상대방의 감정과 생각 따위는 안중에도 두지 않는다.

이러한 행동은 다음의 메시지를 전달하는 것이다.

'당신이 모종의 관계에 동의한다면, 나는 당신을 신경 쓰지 않고 내 본연의 모습대로 행동할 것이다. 당신은 내가 생각하는 관계에 맞춰야 하며, 이것은 당신의 의무이다.'

이러한 관계 형태와 사고방식은 모든 곳에서 나타난다. 가족, 친구, 동료, 파트너, 배우자, 부모와 사식 관계에서도 말이다. 관계가 가까워지면 서로의 개체성이 흐릿해지고 상대방을 자신을 만족시키기 위한 도구로 보기 시작한다.

내가 물건을 어떠한 방식으로 다루든 물건은 피로함이나 감정적인 반응을 보이지 않는다. 물건은 내가 용도를 정하고 사용하는 것이지, 물건이 어떤 식으로 쓰이기를 원하는 것이 아니다.

얼마나 많은 사람들이 이러한 태도와 방식으로 다른 사람을 대하는 것일까?

물건이나 도구를 대하듯이 사람의 주체성과 권리를 박탈하고 마음대로 이용한 후에는 사랑이나 믿음, 친밀함 등을 들먹이며 정당화한다.

상대방이 정말 당신을 중요하게 생각하거나 신경 쓰고 있다면, 당신의 의사와 감정을 등한시하거나 무시하지 않을 것이며 설득의 형식으로 강제하거나 세뇌하려 들지 않을 것이다.

누군가 지속해서 당신에게 어떤 행동을 강요하고 요구한다면, 이것이 바로 '통제'이며 '우롱'이다. 그러한 관계는 자신을 만족시키는 것일 뿐 진심으로 이 관계를 중요하게 생각하는 것이 아니다.

"지식인이라면 적을 사랑할 수 있을 뿐 아니라
친구를 미워할 수도 있어야 한다."
– 프리드리히 니체

'다 너를 위해서야'의
본심

타인이 원치 않는 행위는 선행이 아니다.

자기만족을 위한 배려는 간섭일 수 있다.

선의의 행동일지라도 상대를 힘들게 할 수 있다.

　사람들은 자신이 좋은 뜻으로 하는 것이라면 얼마든지 개입해도 된다고 생각한다. 상대가 필요하거나 원하는 것과 상관없이 세상이 자신의 프로세스에 따라 작동되는 것처럼 착각하는 것이다. 모든 노력은 전부 자신의 '기대'를 충족시키기 위함이기에, 타인이 거절하거나 받아들이지 않으면 크게 실망한다.

　하지만 다른 사람의 입장을 고려한 역지사지(易地思之)를 할 줄 모른다면 결코 타인을 제대로 이해할 수 없다. 설령 좋은 일이라

할지라도 상대에게 강요하는 것은 존중이 아니다. 선의도 폭력이나 간섭으로 변모할 수 있다.

타인을 바꾸려는 사람은 '도움'을 줄 수는 있지만 '변화'를 강요해서는 안 된다는 사실을 망각한다. 도울 수 있는 일을 도와야 하며, 도움을 주고 나서는 걱정과 집착을 내려놓아야 한다. '도움'으로 타인을 바꾸고자 하는 것은 통제이며 상대방을 무시하는 행위다.

'내가 너를 도와주었으니 내가 원하는 결과를 내놓아야 해'라는 심리는 교환이자 거래이지 도움이 아니다. 심지어 상호작용을 계획된 투자로 보는 것과 다를 바 없다.

도움을 주되 상대에게 고마움과 보답을 기대해서는 안 된다. '도움'이 상대방에게 요구하기 위한 수단으로 변질되거나 자기 말을 잘 따르게 하기 위한 것은 진정한 도움이 아니다. 왜곡된 도움은 상대의 자존심에 상처를 남길 것이다.

도울 수 있는 것은 돕고, 도울 수 없는 일에는 개입하지 말아야 한다. 자신의 관념과 집착을 내려놓지 않고 도움을 주면, 자신이 상대보다 우월하다는 상상을 확대할 뿐이다. 자신이 다른 사람보다 더 우월하다고 생각해서는 안 된다.

모든 사람들은 본연의 강점과 약점 그리고 장단점이 있기에, 도움은 상호 간의 협조이자 보완이다. 우리는 서로의 존재가 필요하므로, 서로의 장점을 활용하여 생활의 질을 올리거나 인생의 가치를 실현할 수 있다.

인간관계가
고리의 대출과 같다면?

일부 사람들은 도움을 주고 나서도 계속 염려하고, 더 나아가서는 상대방의 인생을 자신이 짊어지려고 한다. 상대방이 어떤 성과를 보여주지 않으면 안 되는 것처럼 말이다.

자신의 도움을 은혜로 여기게 하여 보답을 강요하거나 요구하는 것은 본질적으로 개인의 이익과 통제 욕구를 채우기 위한 것이다.

일단 당신이 그들의 지원이나 도움을 받으면 고리 대출, 그것도 청산이 불가능한 고리 대출을 받은 것과 다를 바 없다. 당신은 늘 그로부터 받은 은혜를 기억해야 하고 언제든 그것을 갚을 준비를 하고 있어야 하는 불안한 삶을 살게 된다.

은혜에 보답하지 못할 경우 배은망덕한 사람이 된다고 여겨, 도덕적 비판과 자책감을 이겨내지 못할 뿐 아니라 끝없이 강요받는 삶을 살게 된다. 상대방은 당신에게 요구와 기대에 복종해야 한다는 불합리한 기준을 들이댈 것이다.

도움을 은혜로 여기는 사람들은 일찍이 마음속으로 다음에 어떤 요구를 할 계획을 세워놓는다. 그가 지원이나 도움을 주는 순간 그는 미래에 요청할 것까지 염두에 두기에, 그가 건넨 도움의 손길은 투자이거나 보험인 셈이다.

부모가 자녀를 낳고 기르는 것도 같은 이치다. 출산과 양육을 자신의 인생을 더욱 풍부하게 하고 성장의 기회로 삼는 것이 아니라 미래의 자녀들에게 기대하고 요구하는 부모들이 있다. 이러한 부모는 아이에게 어릴 때부터 양육의 은혜를 주입해 부모의 요구에 무조건적으로 따르며 보답해야 한다고 세뇌한다.

이러한 아이들은 태어난 지 얼마 지나지 않아 부모라는 채권자에게 인생의 막대한 채무를 지게 되는 것이다.

이러한 인생에서 어떻게 자신의 잠재력을 발휘할 수 있고 자신의 가치를 실현할 수 있는가?

지속적으로 은혜와 빚을 독촉받는 이들은 지치기만 할 뿐 인생에서 어떠한 즐거움도 찾을 수 없다.

양육은 은혜나 빚이 아니라 부모의 선택이자 바람이다. 자식은 부모의 기대를 완벽하게 충족하지 못할 뿐 아니라 오히려 실망감을 안겨줄 수 있다. 중요한 것은 자신의 삶을 살아내며 인생을 값지고 풍부하게 만드는 것이다.

자아실현을 하고 자신을 아끼며 타인을 사랑하는 법을 배우고 열심히 일하며 생활을 영위해나가는 것, 이것이 인생의 진정한 의미다.

"내가 무슨 일을 하든
나를 좋아하지 않는 사람들은 있게 마련이다.
모든 사람들이 나를 좋아하길 바라는 것은 지나친 기대이다."

– 리즈 카펜터

책임과 무책임 간의 타협점 찾기

관계의 경계선이라는 개념이 없는 사람은 자신이 생각하는 모습 그대로 세상이 돌아가야 한다고 여긴다. 그렇기에 다른 사람들도 자신의 가치관과 신념에 맞춰 행동하기를 바란다.

자신이 마실 물은 상대가 따라야 하고, 자신이 써야 할 돈은 상대가 벌어야 하며, 자신이 소유하고 싶은 것을 상대가 가져다주어야 한다고 생각한다. 자신이 처리하기 싫은 일은 상대가 나서서 하고 자신이 회피하고 싶은 문제는 상대가 해결해야 한다.

하지만 불공평하게도 이러한 사람들이 남부럽지 않게 살아가는 듯 보인다. 높은 지위에서 권력을 가지고 작은 능력도 크게 부풀리며 자신을 과시한다.

이런 사람들은 남에게 지시하는 것을 당연하게 여긴다. 그러면 능력과 책임감이 있는 사람은 분쟁이 일어나거나 난처해지는 것을 막기 위해 혹은 상황이 악화되지 않기 위해 직접 일을 처리한다.

우리는 상대의 이러한 태도에 익숙해져 있다. 상대의 요구와 태도를 당연하게 여겨왔기 때문이다. 일부는 이러한 태도와 기술을 따라 하며 세상을 살아간다.

하지만 당연하다고 여기는 태도에 동감하지 못하는 사람은 엄격한 잣대로 자신을 일깨우고, 스스로 자제하면서 다른 사람에게 신세 지거나 피해를 주지 않으려고 노력한다.

자신에게 매우 엄격한 사람들은 내면에 존재하는 '자포자기' 혹은 '무책임'한 면을 억제하며 이러한 에너지가 폭발하지 않도록 주의를 기울인다. 하지만 당연한 듯이 요구하고 명령하는 사람들을 마주하면 어처구니가 없을지라도 결국 그들의 뜻에 따르곤 한다.

왜냐하면 책임과 무책임 간의 타협점을 찾기 어렵고 유연하고 다각화된 사고와 결정을 내릴 수 없기 때문이다. 따라서 '당연하다고 여기는' 태도를 잘 억제한다고 하더라도 타인의 불합리한 요구를 받아들이게 된다.

이것은 마음속의 빛과 어둠이란 특질이 분열된 결과이다. 자신의 밝은 면만 보이려 할수록 다른 사람의 몸에서 나오는 어두운 면에 잘 대처하지 못한다. 결국 저항이 아니면 억압이라는 극단적인 선택의 갈림길에서 자아의 충돌을 겪을 수밖에 없다.

왜 섣불리
책임지려 하는가?

관계를 잘 맺어나가기 위해서는 다음의 깨달음이 필요하다. 누군가 자기 삶의 문제에 대해 적극적으로 사고하지 않고 문제를 해결하기 위해 노력하거나 분석하지 않는데, 왜 당신이 그 사람보다 더 적극적으로 나서야 하는가?

같은 이유로, 당신이 자기 삶의 문제에 대해 적극적으로 사고하거나 책임지려 하지 않으며 노력하기를 게을리하는데, 누가 당신보다 더 많은 정력과 신경을 쏟겠는가?

다른 사람들이 어떠한 인생을 선택하든 그것은 그 사람의 인생이다. 인생에 대한 마인드셋이나 가치관을 선택하는 일은 타인이 대신 해줄 수 없다. 오직 자신이 바꾸고 변해야 스스로 치유할 수 있다.

당신이 타인을 바꾸려 하고 줄곧 그를 위해 대신 일을 처리해주면, 결국에는 둘 사이에 논쟁과 무력감만 남을 뿐 존중이 담긴 대화를 주고받지 못한다.

누군가의 기대를 만족시키기 위해 살아서는 안 된다. 특히 관계에서 기본적인 존중과 경계선이 제대로 갖춰지지 않았을 경우, 아무리 많은 정력과 관심을 쏟아붓는다 하더라도 상대방은 고마움을 느끼지 못한다.

고마움을 모르는 사람들과 거리를 유지하고, 타인은 당신과 다른 존재임을 존중해야 한다. 그 사람의 인생은 그가 주인공이지 당신이 아니기 때문에, 당신에게 그를 바꿔야 할 책임은 없다.

"사람을 사귈 때 가장 중요한 것은
남의 인생에 간섭하지 않는 것이다.
상대도 나름대로 생활방식이 있음을 인정해야 한다."
– 헨리 제임스(미국의 소설가)

관계도 변한다,
받아들여라

수많은 관계는 당신이 일방적으로 정의 내릴 수 있는 것이 아니다. 당신이 좋다고 느끼는 관계라도 타인이 당신을 동정하는 것일 수도 있고, 반대로 당신이 타인을 구속하는 상황일 수도 있다.

당신은 친한 사람이라고 생각할지라도 상대방은 피로감과 답답함을 토로할 수도 있다. '영원'할 것이라고 믿는 관계일지라도 상대방은 당신이 상처받지 않게 헤어질 고민을 할 수도 있다.

이러한 '불일치', '불균형', '불편함'이 조금씩 나타나는 것을 알아차린다면 즉시 일정 거리를 두어야 한다. 억지로 가까운 관계를 유지하면서 서로의 손과 어깨를 붙들고 힘들게 해서는 안 된다.

관계는 두 사람이 만들어나가는 것이다. 사람은 살아 있고 모든 것은 변하게 마련이다. 관계도 마찬가지다.

모든 것이 변화하지 않는다면, 모두가 어떤 상태에 계속 머물러 있다면 긴밀한 관계를 유지할 수 있을 것이다. 하지만 사람들은 변화하고 성장함에 따라 서로의 거리와 친밀감에도 변화가 따른다.

그러므로 관계를 유지하는 데 있어서 평상심을 가져야 한다. 함께할 수 있을 때 감사하고, 함께할 수 없을 때도 감사해야 한다.

함께하고 있을 때 진심으로 대해야 하고, 함께할 수 없을 때도 진심으로 대해야 한다.

만남과 헤어짐에도 때가 있는 법이다. 세상을 살아가면서 이별을 잘 마무리하고 재회를 귀중히 여기는 법을 배워야 한다. 인간 관계에서 얻는 경험이란 다른 사람들을 통해 자신을 알고 자신의 내면을 들여다보는 것이다.

관계의 변화를
두려워하지 마라

누군가와 관계를 맺음으로써 자신의 안전감을 확보하고 의존하며 나에게 관심을 가져줄 누군가를 찾고자 한다면, 결국 실망하게 될 것이다.

타인을 자신보다 중요하게 생각하고 자기 존재의 목적으로 삼으며 자신의 인생을 상대방에 맞춰 움직이려는 사람은 그 누구도 없기 때문이다.

타인을 매우 중요한 존재로 생각하는 데 익숙해져 있다면, 자신이 설 자리가 줄어든다. 그러다 관계가 틀어져 상대방이 떠나면 당혹감에 안절부절못하고 무너지게 된다.

타인을 기준으로 자신의 인생을 살아가는 것은 '내 옆에 있는 그를 내 인생의 전부로 삼을 거야. 그러면 나는 내 인생을 살지 않아도 되니까'라고 생각하는 것과 같다.

이러한 생각은 자신의 내면을 계속 공허하게 만든다. 자신에게 관심을 두지 않으니 자아와 연결 고리가 약해지고 당연히 충만한 삶을 살기 어렵다.

상상과 기대로 관계를 맺으려고 한다면 그 관계가 가져올 충격과 피해는 더욱 커질 것이다. 언젠가는 원치 않는 이별에 수반되는 잔혹함을 경험하게 된다. 그러므로 아무리 고통스럽더라도 진실을 직면하고 환상에서 깨어나려고 노력해야 한다.

왜 대부분의 사람들은 이러한 관계의 환상에 빠져 있는 것일까? 이것은 영아의 천진난만함이자 무지이며 환각이다.

영아는 현실 세계의 잔혹함을 아직 모른 채 행복하고 안정적인 보살핌을 받는다. 8개월이 되어 영아의 내면에서 '자아'라는 묘목이 조금씩 자라날 시기라 하더라도, 여전히 세상 물정을 모르며 타인(객체)을 자신에게 만족감과 안정감을 가져다줄 존재로 여긴다.

그렇기에 영아는 완전한 자기중심적인 존재이다.

성장 과정에서 삶의 경험이 계속 누적되고 확장됨에 따라 외부의 타인(객체)과 상호작용하면서 타인(객체)과 내(주체)가 서로 다른 존재임을 인지하게 된다.

각자 자아를 가지고 있는 나와 타인이 관계를 맺고 공동생활을 해나가는 데는 더 많은 학습 경험과 과정이 필요하다. 우리는 모든 관계를 경험해나가면서 타인과 나의 차이를 더 명확히 알고 이해하게 된다.

'내가 싫어하는 것을 타인에게 강요하면 안 된다'와 같은 격언도 일종의 깨달음이자 학습이다.

하지만 일부 사람들은 학습과 성장의 과정에서 많은 어려움에 직면하곤 한다. 이런 어려움은 내면의 조화가 잘 이루어지지 않거나 적응력이 부족한 데서 비롯되기에, 외부와 내면의 마찰과 불일치에 잘 대처하지 못한다.

성장에 어려움을 겪는 사람은 세상이 자신의 요구와 욕망을 위해 존재하는 것이 아니라, 각양각색의 사람들이 함께 구성해나간다는 것을 이해하지 못한다.

이러한 이유로 정신적으로는 오히려 유연함이 없어지고 마음속에는 '기필코 하고 말 거야'와 같은 갈망과 요구가 자리 잡는다. 게다가 자기중심적인 사고로 모든 사람들에게 요구와 기대만 할 뿐 상호작용하고 협력하는 방법을 배우지 않는다.

성장에 어려움을 겪는 사람은 성숙해질 수 없으며 스스로 객관적인 세계와 마주할 수 없다. 오히려 유아적인 정신 상태에 머물러 있기에 완전히 자기중심적 사고로 주변 사람들이 자신의 욕망을 채워주기를 기대한다. 하지만 그 누가 미성숙한 인격체의 요구와 기대를 충족할 수 있겠는가?

남을 위해 자신의 인생과 모든 에너지를 낭비하려 들지 않고, 더 이상 관계를 옭아맨 상황을 방관하지 않고 반드시 이 문제를 단호하게 해결해야 한다.

"가까운 사이일수록 선을 넘지 않아야 한다.
오래 사귀어도 존중하는 마음을 잃지 않아야
관계가 오래 지속될 수 있다."

– 공자

거절을 미안해할
필요 없다

자신의 경계선이 모호한 사람은 다른 사람이 경계선을 세우는 것도 받아들이지 못한다. 그의 세계는 마치 큰 밀가루 반죽과 같아서 어떠한 윤곽도 잡혀 있지 않다. 그의 눈에는 자기 자신과 다른 사람 모두 실체가 없는 상태로 보인다.

자신의 주체를 충분히 인식하지 못하고 자신이 책임지지 않아도 될 책임을 지고 있는 그는 명확한 주장이나 관점을 가진 사람들을 보며 불공평하다고 여긴다.

"나는 이렇게 강요받는데, 나도 어쩔 수 없이 책임지고 있는데, 왜 저 사람은 무슨 일이든 다 거절할 수 있고 신경 쓰지 않을 수 있는 거지?"

다른 사람은 어떤 일에서 잘 빠져나오는데 당신은 그렇게 할 수 없다면, '왜 저 사람은 가능할까?'라고 고민해보아야 한다. 그리고 스스로에게 질문해야 한다.

"왜 나는 거절할 수 있음에도, 계속 책임지는 걸까?"

더 깊은 내면의 자아 성찰을 습관적으로 회피한다면 "왜 재한테는 사탕이 있는데, 나는 없는 거야?"라며 떼쓰는 아이와 같은 마음이 들 것이다. "왜 이득은 내가 아니라, 다 저 사람이 보는 거야?"라고 말이다.

내면의 더 깊은 자아 성찰을 하지 않으면 자신을 더 명확히 바라볼 수 없다. 또한 내면의 당신이 어떠한 방식으로 스스로를 제한하고 있는지, 그리고 감정이 어떠한 먹구름으로 뒤덮여 있는지 제대로 분별하고 파악하기 힘들 것이다.

마음속에서 항의하는
소리를 따라라

왜 어떤 사람들은 자신의 사고 능력을 닫아버리는 걸까?
왜 자신의 감정을 외면하는 것일까?
왜 마음의 소리를 귀담아들으려 하지 않는 것일까?

이러한 사람들은 내면의 분노를 마주할 용기가 필요하다.

마음속에서 끊임없이 들려오는 불만의 소리에 직면하면, 화를 내며 항의하고 싶을 것이다. 부정적인 감정과 항의의 목소리가 억제되지 않는다면 주변의 가족과 친구들에게 화풀이할 수도 있다.

관계가 멀어지는 것을 걱정하는 그는 스스로 감정을 더욱 흐릿하게 만들며 자신을 이렇게 속일 것이다.

"나는 아무런 생각도 감정도 없어. 다 괜찮아."

다른 사람들이 자신을 무시하고 배척하며 홀로 고립된 환경에 놓이는 것을 회피하기 위함이다.

배척당하지 않고 거절당하지 않기 위해 남들의 눈치를 보고 비위를 맞추며 모든 요구를 들어주며 스스로 설득한다.

"괜찮아, 별로 중요한 것도 아닌데, 뭘."

하지만 억압된 생각과 감정은 언젠가 엄청나게 거대한 반향으로 되돌아와 계속 문제를 일으킬 것이다. 원래 작은 감정은 거대한 억울함을 양식으로 먹고 자라 순식간에 타인을 파멸시키고 자신도 폭발시키는 거대한 괴물로 변한다.

자신의 주체적인 감정을 외면하는 사람은 다른 사람이 어떻게 자신이 원하는 것들을 추구할 수 있는지 이해하지 못할 것이다.

어떻게 자신의 바람과 감정을 표현할 수 있을까?

어떻게 자신의 이익을 보호할 수 있을까?

어떻게 억압하지 않고 순종하지 않을 수 있을까?

희생과 부당함을 받아들일 수 있는 사람은 자신의 느낌과 감정을 억압한다. 자신은 힘겹게 살아가고 있는데 왜 다른 사람들은 잘 살 수 있는지, 참기 힘든 분노와 적대심을 가질 수도 있다.

자신의 주체성이 중요하다는 것을 느끼고 진정으로 원하는 선택을 하고 그 결과에 책임지고자 하는 사람은 다른 사람도 스스로 원하는 선택을 해야 하며, 이는 다른 사람이 마땅히 누려야 하는 권리임과 동시에 그 대가에 대한 책임을 스스로 져야 한다고 여길 것이다. 자신을 존중할 줄 알면 마찬가지로 다른 사람의 결정과 선택을 존중해야 한다는 것을 알기 때문이다.

"주관대로 행동하지 않으면 타인에게 복종할 것이며,
스스로 선택하지 않으면 타인에게 구속될 것이다."

– 프리드리히 니체

누구를 위한
'호의'인가?

가족이나 친구라는 명분으로 상대를 자신의 기준에 따라 '올바른' 길로 인도해야 할 의무가 있다고 제멋대로 판단하는 사람들이 있다. 또한 그는 스스로 옳다고 생각하는 것을 강요한다.

많은 사람들이 타인의 존엄을 해치는 일을 자행하면서도 '너를 위해 그런 거야', '너 좋으라고 그러는 거야'라는 말로 자신을 변호한다. 이렇게 말하면 상대가 기쁜 마음으로 받아들일 것이라고 생각한다.

모든 이에게는 선택할 권리가 있듯이 거절할 권리도 있다. 법과 윤리는 위법이 아니라면 모두에게 자주권과 자유권을 보장한다. 당신의 기준에 맞지 않고 마음속으로 불만이 있을지라도, 상대의 선택은 존중받아야 한다. 물론 당신도 다른 사람들이 건네는 '호의'와 그들이 제멋대로 판단한 '선의'를 거절할 권리가 있다.

어린 시절에는 불필요한 호의를 받고 '너 잘되라고 그런 거야'라는 말을 들으면 무조건 감사를 표해야 했다. 그 이면에 통제와 억압이 있을지라도 호의를 받아들여야 했다. 상대가 주관적인 판단으로 당신을 비평할지라도 그것을 받아들이고 심지어 고마움을 표해야 했다.

그러면 당신은 습관적으로 다른 사람의 불합리를 합리화하면서 자신의 불편함과 이상한 감정들을 부정했다. 혼란스럽고 명확하게 파악하기 힘든 감정을 느끼더라도 누군가 '호의'라는 명목을 내세우면 어떠한 비평이나 주관적 평론을 하더라도 당신은 동의하게 된다.

시간이 흐르면 상대방은 당신이 가르침이나 도움을 요청하지 않았는데도 제멋대로 판단하여 훈계한다.

선의로 포장한
강압은 아닌가?

다른 사람의 따뜻한 태양이 되어야 한다는 강박을 가질 필요는 없다. 또한 상대가 감동할 만한 선행을 할 필요도 없다.

누구나 자신이 진정으로 원하는 인생을 살아가기 위해 어떤 길을 걸어갈 것인지 결정할 권리가 있고, 자신만의 이야기를 써 내려가며 진정한 자아실현을 할 권리가 있다.

상대의 주체성을 존중하지 않고, 자신이 이상적이라고 생각하는 인생을 강요한다면 설령 아무런 악의가 없다 하더라도 강압과 억압이 된다.

선의는 좋은 태도와 좋은 행동이 수반되어야 한다. 상대가 좋은 뜻으로 받아들이지 못하는데, 억지로 강요하면 큰 상처를 남길 뿐이다.

당신이 중요하게 생각하는 사람일수록 스스로 인생에 대한 가치와 역량을 느끼도록 해야 한다.

그의 역량을 약화하고 자존감을 떨어뜨리면서 상대방을 위하는 일이라고 말하는 것은, 타인에게 중상을 입히고 그 상처를 치료해 주면서 잔혹한 현실 세계를 견딜 수 있는 내성을 길러준다고 말하는 것과 다를 바 없다.

상대방을 해치는 진실은 무익하다. 상처는 결국 상처일 뿐인데, 어떻게 달콤한 말로 포장할 수 있겠는가?

어떠한 관심이나 선의를 진정으로 전달하고 상대가 스스로 성장의 양분으로 삼게 하고자 한다면, 긍정적인 관심과 환경을 제공해주어야 한다. 그래야 선의가 양분이 될 수 있으며, 사랑과 지지를 받아들여 자신의 인생을 더 좋은 방향과 더 유익한 방향으로 발전시켜나갈 것이다.

　선의라는 이유로 타인을 존중하는 태도를 보이지 않고 그의 주
체권을 보호하지 않으며 강압적인 방법으로 통제와 명령을 자행
한다면, 그저 선의의 이면에 있는 경직된 가치관과 집착을 더 강
화할 뿐이다.

"수많은 사람들 가운데
나와 뜻을 같이하는 사람이 한 명은 있을 것이다.
그것으로 충분하다."
– 로맹 롤랑(프랑스 소설가)

타인의 감정으로
나의 내면을 채우지 마라

우리는 다른 사람의 이야기를 들으면서 눈물을 흘리고, 다른 사람의 불행을 통해 자신의 모습을 확인하고, 타인의 고통을 느끼면서 자신만의 해결 방법을 생각해보곤 한다. 이것은 일종의 공감이고 공동체 의식에서 나오는 것이다.

하지만 나는 나이고 타인은 타인이라는 것을 명확하게 구분해야한다. 그래야 과도한 투영과 상상 그리고 지나친 해석을 막을 수있다. 상대는 고유한 개체로서 나와 다른 존재라는 것을 인정하지못하고 집착해서는 안 된다.

누군가 일본의 여배우 키키 키린에게 그녀의 담화를 듣고 구원을 얻었다고 하자 그녀가 이렇게 답했다.

"이건 일종의 공동 의존이에요. 이 정도는 스스로 생각할 줄 알아야죠."

사람은 스스로 사고하고 느낄 줄 알아야 한다. 이것은 다른 사람이 대신 해줄 수 있는 일이 아니다. 자신이 못다 이룬 꿈을 타인이 대신 이뤄주기를 바라며 자신의 부족한 점을 타인에게 채워달라고 강요할 수는 없는 일이다.

일본에서 큰 인기를 끌었던 애니메이션 〈귀멸의 칼날〉은 귀살대와 '혈귀'가 되어버린 사람들의 이야기다.

귀살대의 모든 구성원은 각자의 이유로 그 일원이 되었다. 사람이 공포스럽고 불안한 모습을 가지게 된 데에는 그만한 이야기와 배경이 있듯이, 혈귀가 된 과정과 배경도 있다.

그들이 혈귀가 될 수밖에 없었던 이유는 대부분 마음속의 상처에 집착하고 원한을 품었기 때문이다. 그렇게 식인과 살육을 하며 세상을 파멸시키는 어둠의 힘을 갖게 된 것이다.

가장 감동을 주었던 혈귀는 '루이'다. 그는 키부츠지 무잔의 피를 마셨기 때문에 상처가 감염되어 다른 혈귀들보다 훨씬 더 강하다.

왜 그는 스스로 혈귀가 되었을까? 그는 방문을 열고 바람을 쐬는 것조차 버거울 정도로 병약한 육신을 가지고 있었다. 그는 늘 다른 아이들이 자유롭게 활동하며 바깥세상과 접촉하는 것을 부러워했다. 하지만 허약했던 루이는 줄곧 방의 침상에 누워 있을 수밖에 없었다.

무잔이 그를 찾아와 절망과 괴로움에서 벗어나는 방법을 알려주었다. 자유와 강한 육신에 목말라 있던 루이는 무잔의 부하가 되었다.

혈귀가 된 루이는 죽지 않는 몸이지만 더 강해지기 위해 식인을 해야 했고 또한 인혈(人血)에 목말라 있었다. 루이는 막강한 혈귀가 되었으나, 이러한 내막을 모르는 그의 부모는 그저 아이가 무섭게 변했다고 느꼈다. 그들은 루이가 식인하는 모습을 볼 때마다 정신적으로 무너졌다.

엄마는 눈물을 흘렸고 아빠는 화를 내며 꾸짖었다. 하지만 이미 혈귀가 된 루이는 되돌아갈 길이 없었다.

어느 날 잠을 자던 루이는 무언가 이상한 기운을 감지하고 눈을 떴는데, 아빠가 칼을 들고 자신을 찌르려 하고 있었다. 루이는 이내 놀라움과 분노에 휩싸였다. 어떻게 '아빠'가 자식을 죽이려 한단 말인가? 엄마는 그저 옆에서 울고 있었다. 결국 루이는 부모를 죽여 혈육의 정을 끊어내기로 한다.

루이는 원망을 품고 집을 떠나 홀로 떠돌았다. 그에게 남은 것은 이 세상에 하나도 없었다. 그에게 관심을 가지는 사람도 없었으며, 그 역시 어떠한 사람에게도 흥미를 느끼지 못했다. 그는 외롭고 고독했다.

마음속 결핍을 채우고자
타인에게 강요한다

아직 아이의 마음을 가지고 있던 루이에게는 관심과 사랑, 보호를 받고자 하는 갈망이 있었다. 강렬한 정을 느끼고 싶었던 그는 외톨이로 떠돌거나 나약한 혈귀들을 구해주었고 그들을 자신의 가족으로 만들었다. 그들에게 아빠, 엄마, 언니, 오빠, 여동생, 남동생의 역할을 각각 부여하고 큰 식탁에 둘러앉아 밥을 먹고 이야기를 나누는 일종의 '가족놀이'를 했다.(혈귀는 밥을 먹을 필요가 없으니 밥공기는 비어 있다.)

그는 자신에게도 가족이 있고 보호해야 할 대상이 생겼으며, 자신을 위해 희생할 이들도 있었다. 하지만 '따뜻한 가정'의 허상은 사실상 통제하에 만들어진 것이다.

공포와 위협으로 의탁할 곳 없는 혈귀들을 통제하고, 그들에게 많은 것을 강제했다. 잘못을 저지르거나 자신의 '역할'을 제대로 수행하지 않는 이들은 처벌하거나 심한 경우는 제거했다.

루이는 자격 미달의 혈귀들에게 늘 차갑게 말한다.

"나를 실망시키는구나. 쓸모없다면 존재할 필요도 없겠지."

감정 조종과 위협으로 가득한 가정은 겉으로는 서로 의지하고 심지어 똘똘 뭉친 것처럼 보인다. 하지만 시키는 대로 움직이지 않은 혈귀들은 루이에게 제거당하고 결국 4명만 남는다.

귀살대의 대원을 몰살하지 못해 처벌받게 된 '엄마' 혈귀는 초조와 공포에 시달린다. 그러다 결국 귀살대 탄지로에게 제거당할 때 더 이상 저항하지 않고 이 모든 것에서 벗어나고 싶어 한다.

탄지로는 엄마 혈귀의 비통함과 벗어나고 싶어 하는 마음을 알고 가장 부드럽고 고통 없는 방식으로 무한의 지옥에서 구해준다. 엄마 혈귀는 그동안 경험하지 못했던 따뜻한 대우와 존중을 느낀다.

루이는 탄지로와 혈귀가 된 여동생 네즈코가 서로 기대어 부축하고 있는 모습을 발견하고 놀라움과 부러움을 느낀다. 그리하여 그는 탄지로를 공격해서 네즈코를 뺏어오려 한다.

네즈코를 빼앗기기 싫은 탄지로는 루이에게 "나와 내 여동생은 그 누구도 갈라놓을 수 없다"라고 말한다. 게다가 네즈코에게도 의지와 감정이 있으니 루이가 뺏어갈 수 없다.

하지만 루이는 네즈코가 거절의 대가가 무엇인지 알고 기대에 부응하지 못했을 때 처벌만이 남는다는 것을 알게 되면 받아들일 것이라고 생각한다.

이 말에 대로한 탄지로는 분노에 차서 말한다.

"루이, 너는 감정적 유대라는 게 뭔지 전혀 모른다. 게다가 네가 만든 감정적 유대는 온통 '허구'일 뿐이야."

위선적 유대와
진정한 걱정을 구별하라

이 말은 루이의 폐부를 찔렀다. 사랑을 느껴보지 못했던 루이는 자신이 원했던 감정적 관계를 만들어나가거나 유지하지 못한다. 단순히 '꼭 갖고야 말겠어'라는 치기 어린 갈망만 남아 통제와 피해를 수반할 수밖에 없었다.

하지만 결국 루이는 제때 구해주러 온 수주(水柱, 토미오카 기유)에게 제거당하며 마지막 순간에 과거 부모님과의 기억을 떠올린다.

루이는 줄곧 울고 있던 엄마가 살해당하는 순간에 희미하게 속삭였던 말이 떠올랐다.

"미안해. 너를 건강한 몸으로 낳아주지 못해서."

루이는 큰 슬픔에 잠긴다. 알고 보니 감정의 유대는 그도 겪어보았고, 사실 부모는 그를 포기하거나 버린 적이 없었다.

루이가 곧 사라질 때 탄지로는 그의 후회와 유감스러운 감정 그리고 강렬한 비통함을 읽고 등을 두드리며 말한다.

"괜찮아. 이제 편히 떠나도 돼."

이것은 루이가 부모를 잃은 후 유일하게 느껴본 따뜻함과 위로였다.

이상적인 관계에 대한 기대가 집착이 되면, 특히 가정과 친구의 역할이 완벽하기를 바란다면, 우리는 사랑을 느끼지 못하고 오히려 실망과 분노만 경험하게 될 것이다.

가장 완벽한 대상이 존재한다고 믿고 계속 대상을 바꿔나가지만, 끝없는 어둠과 구속일 뿐 사랑이 아니다.

다른 사람을 자신의 기대를 만족시키는 역할이나 도구로 여긴다면 감정적 유대를 느껴보거나 경험할 수 없다.

'위선적 유대인가, 진정한 걱정인가?'

당신이 놓지 못하는 그 감정은 어느 쪽에 속하는가?

놓지 못하는 그 감정들 때문에 타인과 관계의 경계선을 지키지 못하고 자신을 고통으로 몰아넣지 않는가? 또한 맹목적으로 타인을 통해 자신의 내면을 채우려 하지 않는가?

"내가 나를 위해 내 인생을 살지 않으면,
대체 누가 나를 위해 살아준단 말인가?"

– 유대교 교리

각자의 '인생 과제'를
분리하라

자신만이 자신의 인생을 바꿀 수 있다. 다른 사람의 말은 단지 자극제가 될 뿐이다. 스스로를 바꾸려면 자신만의 동기가 있어야 한다.

당신은 주변 사람들을 신경 쓰지 않아도 되며 인정을 갈구하지 않아도 된다. 당신은 '이것은 내가 해결해야 할 과제들이 아니야'라는 것을 명확히 알아야 한다. 그래야 비로소 쉽사리 경계를 넘지 않게 된다.

'과제 분리'는 아들러의 개인심리학에서 언급한 이론이다. 모든 사람들에게는 자신만의 인생 과제가 있으니, 당신은 본인의 과제를 해결하는 데 집중해야지 다른 사람의 과제에 간섭하거나 개입해서는 안 된다.

많은 사람들이 자신의 과제를 다른 사람에게 떠넘기며, 부지불식간에 타인의 인생 과제에 개입한다.

예를 들어 "너는 내가 신뢰할 수 있도록 일을 처리해야 해"와 같은 말은 서로의 과제를 더욱 불분명하게 만든다. 당신이 타인을 믿을 것인지는 당신의 과제이다. 또한 당신이 믿고 안 믿고 역시 당신이 결정해야 할 사항이다.

타인의 신뢰를 얻고자 한다면, 자신이 어떤 행동을 해야 하는지를 배우고 결정해야 한다.

과제를 구분하지 못하는 말은 다음과 같다.

"네가 ……하니까, 나도 ……하는 거야."
"네가 ……하지 않았다면, 나도 ……하지 않았을 거야."

한 엄마가 대학교를 졸업하고 취업하지 못한 자녀에게 이렇게 말한다.

"어서 취직해야지. 네가 그러니까 내가 계속 마음 졸이고 신경이 쓰여서 잠을 못 자잖니."

아이가 어떤 목표도 없고 시간을 낭비하며 게으르고 나태해졌다고 생각하면 엄마는 곧장 나서서 아이를 필사적으로 지도하려 한다.

"이거 해보는 건 어때?"

"저건 좀 흥미로워 보이지 않아?"

"너를 위해 일자리를 하나 알아봤어."

아이의 인생 과제는 자신이 진정으로 원하는 직업을 찾아서 어떻게 사회에 첫발을 디딜지 모색하고 탐구하는 것이다. 아이의 취업에 관여하는 것은 엄마의 인생 과제가 아니다.

상대의 인생 과제를
대신 해주지 마라

'너를 위해서'라며 아이의 인생에 관여하더라도 아이는 오래가지 않아 포기한다. 왜냐하면 내적 동기가 없기 때문이다. 외재적 동기(사회의 기대, 급여, 직함, 타인의 인정)만 있고 내재적 동기가 없는 사람들은 무언가에 도전하거나 다른 사람을 따라 해보지만 자신이 왜 그것을 해야 하는지 전혀 모른다.

목표가 없고 인생의 의미도 찾지 못하고 딱히 좋아하고 원하는 것도 없다면, 엔진 없는 차량처럼 앞으로 나아갈 수 없다. 다른 사람들이 필사적으로 차를 민다고 해도 겨우 한 발짝 움직일 뿐이다.

우리 사회는 자신의 내재적 동기를 생각해볼 여유를 주지 않는다. 어릴 때부터 성인이 될 때까지, 무엇을 하고 어떤 것들을 배우든, 자발적으로 행동하는 경우는 매우 드물며, 대부분이 부여되고 규정되며 요구된 것들이다.

아이는 마치 물건처럼 여기저기 들려 다니고 이곳저곳에 놓인다. 자신이 놓인 곳에서 할 일을 하며 시간을 보내고 끝나면 다른 곳으로 옮겨 다른 일을 한다.

수많은 사람들이 이렇게 자랐다. 그래서 많은 사람들이 어떤 일에 집중하여 자신조차 잊어버리는 몰입을 경험해보지 못한다. 흥미 있는 목표에 자신의 모든 것을 쏟아붓는다는 것이 어떤 느낌인지 전혀 모른다.

대부분 다른 사람이 정해놓은 길로 걸어간다. 누군가 그를 인도해주지 않으면 어디로 나아가야 할지 스스로 판단할 수 없다. 결국 어떻게 하면 더 나은 사람이 될지 생각하지 못한다.

자신에게 귀 기울이고 자신을 알지 못하기에, 일순간 어느 방향으로 나아가야 할지 확신하지 못한다. 하지만 그것은 자신의 인생 과제이다. 자신이 무엇을 원하는지 알지 못하면 다른 사람들의 의견이나 생각은 그저 혼란만 가중할 뿐이다.

억지로 무언가를 한다고 해도 의지나 끈기를 가지고 지속해나가기는 매우 어렵다. 다른 사람이 경험담, 방법, 의견, 분석 및 평론 등을 내놓는다고 해도 진정으로 도움이 될 수 없다.

과제 분리는 진실 위에 세워져야 한다. 우리는 타인을 돕는 데 한계가 있다는 사실을 받아들여야 한다.

당신이 할 수 있는 것은 타인이 원하는 것이 아닐 수 있으며, 당신이 갈망하는 것을 타인이 갈망하지 않을 수 있고, 당신이 본 풍경을 다른 사람은 보지 못할 수도 있다. 당신의 일방적인 바람이 타인의 염원과는 정반대일 수 있는 것이다.

어떤 인생의 단계에서도 스스로 행하지 않고 배우려고 하지 않는다면, 시간이 얼마나 오래 지나든 인생을 어떻게 살아가야 하는지 깨닫지 못할 것이다.

"한 사람이 다른 사람의 과제에 간섭하며
경계를 넘어서기 때문에
인간관계에서 혼란과 갈등이 발생한다."

– 알프레드 아들러

함정 10

'관계'가 멀어지는 것을
두려워하지 마라

자기 주도적인 인생을 살아가고 싶다면, 부모, 배우자, 자녀, 친구, 동료와 동등한 관계를 맺어야 한다. '관계'는 요청하는 것이 아니라 맺는 것이며 교류와 소통 그리고 상호작용이 필요하다.

또한 친밀한 관계라고 해서 쉽게 감정을 발산하거나 상대를 공격해서도 안 된다. 그리고 상대방이 당연히 당신의 기대에 부합하기를 바라서도 안 된다.

부모가 모든 일에서 당신을 '마땅히' 만족시켜야 할 의무는 없으며, 자녀도 모든 일에서 '마땅히' 당신을 만족시켜야 할 의무는 없다. 친구와 배우자 그리고 상사와 동료 관계도 마찬가지다.

당신이 누군가를 당신의 인생에서 가장 중요한 위치에 놓지 않듯이, 다른 사람도 당신을 자신의 인생에서 가장 중요한 위치에 놓지 않는다.

당신은 채권자도 고리대금업자도 아니다. 당신이 아끼는 중요한 사람들에게 마음의 상처를 주거나 자존심을 상하게 해서도 안 된다.

'관계의 마찰'이나 '관계의 단절'을 걱정한다면 자신의 인생을 책임지는 법을 배우는 동시에 타인과 적당한 심리적 거리를 유지하는 방법도 배워야 한다.

모든 것을 견디거나 거절하라는 말이 아니다. 당신의 의지에 따라 자신을 소중히 대할 줄 알아야 타인을 소중하게 대할 수 있다.

자신을 우호적으로 대하거나 존중하는 법을 배우지 않는다면, 타인을 우호적으로 대하거나 존중하는 법을 알지 못한다. 항상 상대방의 호의를 얻거나 비위를 맞추려는 방식으로 관계를 맺으면 결국 상대에게 실망하고 자신도 혐오하게 된다.

다른 사람이 당신에게 어떤 인생의 지름길이나 비결을 알려줄 것이라는 기대를 해서는 안 된다.

자신의 인생을 살아간다는 것은 자신만의 길을 걸어간다는 의미다. 인생에서 부모의 곁을 떠나 독립하지 못하면 자신이 원하는 인생을 살아가기도 어렵다.

상대에게 의지한다는 것은 책임지기 싫고 감당하기 싫고 개척하기 싫다는 뜻이다.

멀어질수록
더 좋은 관계도 있다

　성장의 과정이란 스스로 선택하고 책임지는 법을 배우는 것이다. 자신의 삶을 살고자 한다면, 부모에게 의지하거나 요구해서는 안 된다.

　"나는 성인이 되기 전까지 부모님의 통제와 간섭에 일일이 맞춰주었어요. 그래서 다른 인생을 살아볼 기회를 잃어버렸어요. 그러니 부모님이 저를 책임져야 해요."

　이러한 마음가짐으로는 자신의 인생을 살 수 없다. 상대에게 의존하는 사람은 자신의 인생을 책임질 수 없다. 따라서 어떻게 자신의 미래를 개척하고 자신의 길을 걸어갈 수 있는지를 생각해야 한다.

　어느 날 부모가 먼저 세상을 떠나고 이별의 순간을 맞이하게 된다면, 누구에게 당신의 인생을 책임지라고 할 것인가. 스스로 보호자, 지지자, 양육자, 소통자가 될 수 있겠는가.

　자신을 위해서 이별, 책임, 선택에 직면하려고 노력해야 하며, 모든 것이 뜻대로 이루어지리라는 생각도 멈춰야 한다. 스스로 원하는 것이 무엇인지 그리고 어떠한 삶을 살고 싶은지에 대해 생각해보아야 한다. 또한 자신에게 충실해야지 누군가에게 인정받기 위한 삶을 살아서는 안 된다.

자신의 선택에 만족하면 안정적인 관계를 통해 인생에서 다채로운 풍경을 맞이할 수 있다.

우리는 매 순간 선택의 갈림길에서 무언가를 남겨놓거나 내려놓아야 한다.

영원히 손에 쥘 수 있는 일이나 관계는 없다.

모든 것은 시작이 있으면 끝이 있기 마련이다.

"내가 타인을 만족시키기 위해 사는 것이 아니듯이
타인도 나의 기대를 만족시키기 위해 사는 것이 아니다."

BOUNDARY

다른 사람들이 어떠한 인생을 선택하든

그것은 그 사람의 인생이다.

인생에 대한 가치관을 선택하는 일은

타인이 대신 해줄 수 없다.

오직 자신이 바꾸고 변해야 스스로 치유할 수 있다.

세 번째 단계

관계의 점선을
실선으로
바꾸기

치유 1

상대를 실망시킬 줄도
알아야 한다

자신이 중요하다고 생각하는 일에 집중하고자 한다면, 모든 사람들로부터 긍정과 인정을 받겠다는 생각은 버려야 한다. 타인의 냉소와 조소, 암암리에 일어나는 공격과 곡해를 견뎌야 하며 비판적인 평가에도 버틸 수 있어야 한다.

타인에게 환영과 긍정을 받지 못하는 경험들은 가족부터 시작하여 학교(작은 사회)에 입학하고 성인이 되어 사회(특히 직장)에 발을 들이고 나서도 계속 이어진다.

자신의 역량을 펼치며 자신의 임무와 책임을 다할 때도 아무런 이유 없이 배척과 억압을 당하며 사실과 무관한 악성 루머에 시달리기도 한다.

아첨하기를 싫어하며, 복잡한 권력구조에 휘말리기를 꺼리고,

직책에 기대어 관계를 풀어나가고 싶지 않으며, 사람을 악의적으로 해석하거나 타인을 곡해하고 싶지 않아 그저 스스로 하고 싶은 일을 하고 모든 일을 스스로 해낸다.

하지만 당신을 향한 공격과 배척, 악담들이 끊이지 않으면 당황, 의문, 고통, 두려움이 순차적으로 차츰 일어나다 결국에는 자신을 의심하게 된다. 자신이 다른 사람들에게 밉보였기 때문이라고 믿는 것이다. 그러면 당신은 절망의 공포, 낙담과 무력함을 느낀다.

당신은 자신이 엄청난 잘못을 저질러서 사람들에게 배척당하는 것이 아니라는 것을 이미 알고 있다. 다만 당신은 사람들의 인성을 너무 과소평가했고 사람들의 심리를 간과했을 뿐이다.

당신이 능력을 인정받을수록 다른 사람들은 자신이 무시당할까 봐 두려워한다. 이러한 '질투'와 '열등감'은 '원망'과 '증오'로 변질되기 쉽고, 심지어 공격과 파괴로까지 이어진다.

하지만 당신은 상처 주는 행동들을 이해하거나 억지로 포용할 필요 없다. 다른 사람들을 포용하려 든다면 그것은 자신의 감정을 무시하는 행동이며, 사람들의 악의적인 행동들을 덮어주는 것이다.

당신의 가치는 다른 사람의 말에 달린 것이 아니라는 점을 명확하게 알아야 한다. 또한 다른 사람들이 당신을 어떻게 말하고 평가하든 그들이 제멋대로 상상하고 정의한 모습 그리고 편견과 차별의 시각으로 당신을 평가하는 것이다.

누군가 당신의 특기나 장점을 보면 칭찬하기보다 순간적으로 불편한 감정이 일어날 수 있다. 이것은 열등감일 수도 있고 시기와 질투일 수도 있으며 자신의 부족함을 안타까워하는 감정일 수도 있다.

이유야 어쨌든 이러한 감정이 든다는 것은 스스로를 제대로 마주하거나 책임지는 법을 모른다는 의미다. 그의 머릿속에서는 갖가지 추측과 생각이 떠오른다. 당신이 많은 인맥과 뛰어난 언변으로 아첨했다고 폄훼하면서 자신의 열등감을 억누르려고 한다.

이와 같은 생각을 당신이 바꿀 수는 없다. 이러한 상황을 제대로 구분하지 못하고 자기 내면의 원망과 분노를 표출한다면 당신은 감정의 소용돌이로 빨려들게 된다.

이것이 바로 과제 분리와 관계 분리가 중요한 이유다. 이를 제대로 이행하지 않으면 온갖 것들이 얽히고설켜 수없이 많은 인간관계의 응어리들이 생긴다.

한 사람이 당신에 대해 어떻게 말하는지는 그 사람의 품격과 소양을 나타낼 뿐이지, 진정한 '당신'의 모습은 아니다.

또한 타인의 일방적인 평가 때문에 자신을 의심하거나 질책하지 말아야 한다. 스스로를 믿으며 자신을 쉽사리 왜곡해서는 안 된다.

환경은 변하고 인간관계도 변한다. 어느 곳을 가더라도 변함없이 나와 함께 있는 것은 오직 자신뿐이다.

인생 에너지를
나를 위해 쏟아라

　자신의 인생을 마주할 줄 아는 사람은 타인을 비평하고 논하는 데 '시간'을 낭비하지 않는다. 하루 종일 누군가에 대해 수군대는 사람은 그것 외에 자신 있게 할 수 있는 일이 없기 때문이다.

　온 힘을 다해 스스로에게 직면하고, 이 밖에 불필요한 일들은 타인에게 넘겨주자.

　자신의 인생 에너지를 사용하여 자신을 보호하고, 자신이 중요하고 유익하다고 생각하는 일들에 몰입하자. 그러면 자연스럽게 세상에 도움이 되고 긍정적인 공헌도 하게 된다.

　다른 사람을 실망시킬 줄도 알아야 자유를 이해할 수 있고, 마침내 진정한 자신으로 거듭날 수 있다.

　당신에게 요구하고 뭔가를 기대하는 사람들은 수없이 많다. 그들의 실망한 눈빛을 두려워하면 그들을 만족시키지 못했을 때 자책감에서 벗어날 수 없다. 그래서 당신은 모든 역량을 동원해 상대방이 실망하지 않도록, 미움받지 않기 위해 노력한다.

　상대가 나에 대해 실망감을 느끼는 것을 받아들일 수도 있어야 하고, 나도 상대에 대한 실망감을 받아들일 수도 있어야 한다. 이것은 자신의 분리와 독립을 위해 중요한 과정이며, 이를 거쳐야 자신의 책임을 명확히 하고 인생을 책임질 수 있다.

당신이 모든 역량을 동원하여 타인이 정한 기준을 만족시키기 위해 노력한다면, 어느 순간 거짓된 자아는 방향을 잃게 된다. 또한 타인의 요구와 통제가 없어졌을 때도 자신이 진정으로 원하고 갈망하는 게 무엇인지 알지 못한다.

다른 사람이 당신에게 실망할지 말지는 당신이 결정할 수 없다. 그러니 당신이 해야 하는 일은 스스로에게 실망하지 않는 것이다.

다른 사람에게 환영받지 못하는 인생일지라도 당신은 자신의 인생을 사랑해야 한다.

"당신에게 무언가를 요구하고
기대를 거는 사람들은 수도 없이 많다.
하지만 다른 사람을 실망시킬 줄 알아야
비로소 자유로워진다."

치유 **2**

상대의 칭찬과 비난으로
자신을 판단하지 마라

자신의 페이스북에 '좋아요'가 몇 개인지, 인스타그램의 팔로어가 몇 명인지 계속 신경 쓰고 있는가?

다른 사람의 칭찬에 현혹되지 않아야 한다. 그들은 자신이 부러워할 만한 누군가를 발견하면 바로 추종할 대상을 바꿔버리기 때문이다. 반대로 다른 사람의 비난에 사로잡힐 필요도 없다. 그들이 자기 입으로 뱉었던 모질고 독한 말들 또한 일찌감치 잊어버리기 때문이다.

칭찬과 비난은 바람과도 같기에 그것이 봄바람이든 광풍이든 결국 지나가게 마련이다.

타인의 칭찬과 비난에 의존하는 것은 '자의식 과잉'일 수 있다. 세상이 자신을 중심으로 돌아가야 하며 좋은 것이든 나쁜 것이든 모두 자신과 관계되어 있다고 여기는 것이다.

사람들이 지금 얼마나 당신을 추앙하든 멸시하든 언젠가 기억 속으로 사라지기 마련이다. 시간이 지나면 당신을 알아보거나 기억하는 사람은 없다. 칭찬과 비난은 모두 과거가 되며, 오직 당신만이 기억할 뿐이다. 정작 그 말을 내뱉은 사람들은 이미 잊은 지 오래다.

그러니 다른 사람의 칭찬과 비난에 집착하지 말고 자신의 내면을 조금 더 쾌적하게 만들어야 한다. 자신을 사랑하고 더 많이 이해하며 따뜻한 말을 건네는 것이 건강한 마음가짐이다.

영혼의 평안을 얻고 싶으면 매일 내면의 공간을 정리해야 한다. 인생의 깨달음이나 성찰 등 가치 있는 일에 내면의 공간을 사용해야 한다.

대부분의 칭찬과 비난은 주관적인 평가로 이루어진다. 타인들은 당신을 인정하면 칭찬하고 당신을 인정하지 않는다면 비난한다.

그러나 시공간이 바뀌면 원래 당신을 추종하던 사람이 당신을 비난하고, 당신을 폄훼하던 사람이 당신을 칭찬하기도 한다. 사람의 마음과 인성은 계속 변하기 때문이다.

사람과 사람 사이에 안정감이 생기려면 반드시 오랜 시간을 들여서 이해와 우정을 쌓아야 한다. 서로의 관계가 끊어지지 않는다면 구름을 헤치고 해가 비쳐 드는 것처럼 쾌적한 상태가 되어, 상대와 나를 명확히 볼 수 있으며 서로의 차이를 확인할 수 있다.

하지만 인간관계란 대부분 거래나 공동 이익을 위한 일시적인 협업이기에 오랜 기간 우정을 쌓기 힘들고 각자의 길을 걸어가게 마련이다.

칭찬이든 비난이든
연기처럼 곧 사라진다

이러한 현실에서도 우리는 진심으로 상대를 대해야 한다. 상대를 속이거나 교활하게 굴거나 침범해서는 안 된다.

이것은 상대방이 아니라 자신을 위한 일이다. 진심으로 반응하고, 상대와 같이 나누며, 상호 호혜적으로 행동하는 자신을 긍정해보자. 그러면 자신이 누구인지, 스스로 어떠한 인격을 가지고 있고 또 어떠한 사람인지를 알게 되고, 앞으로 어떤 일을 하고 어떠한 반응을 보이며 어떠한 행동을 할 것인지를 결정할 수 있다.

우리는 스스로의 결정에 따라 이러한 사람으로 거듭난다. 스스로 정의하고 행동하는 자신의 모습은 타인들의 평가와 간섭과는 무관하다.

타인들의 칭찬과 비난에 더 신경을 쓴다면, 당신은 스스로 자각하지 못하고, 연기처럼 떠다니는 다른 사람의 말들 속에서 자기 모습이라고 여겨지는 것들을 찾는 데 급급하여, 그들이 당신을 자신보다 더 잘 안다고 여기게 된다.

다른 사람이 나보다 나를 더 잘 알 수 있을까? 겉으로 나타난 언행과 겉모습만 보고 당신이 어떠한 사람일 것이라고 단정 지어도 되는가?

타인들의 오해나 칭찬 속에서 감정의 기복을 느끼지 않을 순 없을 것이다. 하지만 자존감을 가지고 자신이 어떠한 사람인지 인지하고 있다면, 스스로 어떻게 성장했는지 어떠한 경험을 하고 살아왔는지를 잘 이해하고 있다면, 이런저런 타인들의 평가에도 흔들림이 없을 것이다.

당신은 스스로를 잘 알고 있기에, 타인이 당신을 어떻게 대하든 끌려 다니지 않고 의연하게 행동할 수 있다.

어떠한 인생을 살고 있든 자신에게 무조건적인 응원과 사랑을 줄 수 있어야, 우리는 비로소 자신의 인생을 살아갈 용기를 가질 수 있다.

인생이라는 멀고도 험한 노정에서 칭찬과 비난은 순간일 뿐이며, 나와 마지막까지 함께할 수 있는 것은 오직 나 자신뿐이다.

"다른 사람의 말속에서
내 모습과 부합하는 내용들을 선별하지 못하면,
다른 사람이 나 자신보다
나를 더 잘 안다고 여기게 된다."

모든 사람들과 공감대를
형성할 수는 없다

　모든 사람들이 같은 기반과 공감대를 가진 것이 아니기에, 모든 이들의 사랑과 인정을 받으려는 것은 허황된 생각이다. 마찬가지로 우리는 자신만의 생각과 감정이 있으며 각자의 인생관과 세계관 그리고 가치관이 있기에, 모든 사람들을 좋아하거나 인정할 수도 없다.

　당신이 가장 사랑받아야 할 사람은 바로 자기 자신이다.

　자신을 사랑하지 않고 조금도 좋아하지 않으며, 다른 사람들이 당신을 좋아해주기만을 바란다면 다음 2가지 문제에 직면하게 될 것이다.

　첫째, 다른 사람들이 당신에게 표하는 호감을 있는 그대로 받아들이지 못하고 상대방에게 다른 꿍꿍이가 있는 것은 아닌지 의심하게 된다.

둘째, 일순간의 기쁨에 취해 누군가 자신을 좋아해주는 것이 매우 아름다운 일이라고 생각하며 마치 오랫동안 목이 타던 당신에게 물 한 잔을 건넨 것처럼 매우 기뻐하게 된다면, 당신은 이러한 감정을 잃어버리지 않을까 두려워하게 된다. 그러다 보면 상대방의 감정이 어떤지 신경 쓰게 된다. 상대방의 태도가 차가워지지 않았는지, 소원해지지 않았는지, 당신에게 싫증을 느끼지 않았는지 살피게 된다.

자신을 사랑하지 않고 좋아하지 않는 사람은 외부의 상호작용에 기대어 사랑에 만족할 수 없다. 또한 자신을 사랑하지 않아 열등감이 생기면 인간관계를 맺는 일이 늘 불안하고 초조할 것이다.

자신을 좋아하지 못하고 줄곧 타인의 애정만을 갈구한다면 결국에는 아무것도 남지 않는다. 먼저 자신을 좋아할 줄 알아야 다른 사람의 애정에 감사함을 표할 수 있다.

스위스 심리학자이자 심리치료사인 카를 구스타프 융은 일찍이 다른 사람을 바꾸어야겠다는 생각을 가져서는 안 된다고 말했다.

태양은 그저 빛과 열만 방출했을 뿐인데 모든 사람들이 햇빛을 받아들이는 반응은 제각각인 것과 같은 이치다. 누군가는 눈부시다

하고, 누군가는 따뜻하다 느끼고, 누군가는 햇빛을 피하려 든다.

씨앗은 움트고 새싹이 자라기 전에는 어떠한 징후도 보이지 않는다. 아직 그 시점에 이르지 못했기 때문이다.

그래서 자신만이 스스로의 구원자가 될 수 있다.

진심으로 자신을 받아들이고 좋아하는 방법을 모른다면, 다른 사람의 평가에 이리저리 휘둘리게 된다. 당신에게 호감을 보내면 매우 기뻐하고, 당신을 냉대하고 소원하게 대하면 우울해한다.

스스로 좋은 사람이라고 확신할 수 없으면, 주변 사람의 말속에서 자아 정체감의 실마리를 찾으려고 한다. 하지만 스스로 좋은 사람이라고 여기지 않기 때문에, 다른 사람들에게 긍정적인 말을 들어도 있는 그대로 받아들이지 못하고 의심한다.

자신의 존재 가치를 인정하면 주변 사람들도 당신에게 긍정적인 반응을 보일 것이고, 당신도 이를 온전히 받아들일 수 있다. 또한 자신에 대해 더 많은 자신감과 애정을 가지게 될 것이다.

상대의 적대감은
나 때문이 아니다

우리는 상냥함과 단순함만 존재하는 세계에 사는 것이 아니다. 현실에서는 악의적인 공격이나 거절을 당할 수 있다. 당신이 아무런 잘못을 하지 않았으며 누군가를 자극하지 않았을지라도, 주변 사람은 무의식적으로 적대감이나 원망을 드러낼 수도 있다. 하지만 이러한 적대감이 반드시 당신과 직접적인 관련이 있는 것은 아니다.

대부분 당신의 잘못이 아니라, 사람들이 스스로 무엇을 하고 있는지, 그리고 왜 이 세상과 다른 사람들에게 분노와 적대감을 느끼는지 전혀 알지 못한 채 빚어지는 일이다.

사람들은 자신이 따뜻하고 부드럽게 대하고 겸손하게 낮추면, 적대감이나 분노를 피할 수 있다고 생각한다. 이는 일종의 자기 위안이자 자기 해석이며 외부 세계에 대한 인지의 불균형에서 비롯된다.

우리는 살아가면서 상처 입을 만한 일들을 많이 마주하게 된다. 어떠한 행동도 하지 않았고 다른 이들을 자극하지 않았음에도 무고한 피해를 볼 수 있다. 더구나 무고한 피해를 본 사람들을 오히려 원인 제공자로 비판하기도 한다.

우리는 이 세상에서 발생하는 모든 사건을 막아낼 수 없고, 이 사회가 아름답다고 말할 수도 없다. 이렇게 생각한다는 것은 이 세상에 존재하는 악의(惡意)를 회피하려는 심리다.

공격성과 폭력성 또한 인성의 일부분이다. 자신이 악의와 적대심을 가지지 않으면 피해를 보지 않을 것이라고 믿어서는 안 된다.

이것은 '죽음'이라는 글자를 입 밖으로 꺼내지 않으면 죽음이 더 이상 가까워지지 않고 멀어질 수 있다고 믿는 것과 다를 바 없다.

악담과 악행 그리고 적대심이 실제로 존재한다는 것을 인정해야 한다. 불완전한 세상을 보기 좋게 꾸미려 해서는 안 된다.

또한 다른 사람의 악의와 공격을 자기 잘못으로 여기며, 자신이 다른 사람의 기분을 망쳐서 적대심을 불러일으켰다고 섣불리 판단해서도 안 된다.

이러한 사실을 명확하게 이해하고 자신에게 적대심이나 원망을 가진 사람과 거리를 두어야 한다. 그래야 자신이 이유 모를 공격의 대상으로 전락하지 않을 수 있다.

자신을 증오의 지옥에서 끄집어내야 한다. 자신에 대한 사랑과 믿음을 가지고 진정한 행복을 누릴 수 있는 곳을 향해 열심히 나아가자.

이 세상이 충분히 크다고 믿는다면, 당신은 기존의 환경에서 과감히 벗어나 인생의 가치를 실현할 수 있는 곳으로 나아갈 수 있다.

그곳에서는 당신의 사랑과 따뜻함으로 당신이 그토록 갈망했던 타인과 서로를 사랑하는 아름다운 인생을 개척해나갈 수 있을 것이다.

"우리는 모든 사람들의 필요를 만족시키기 위해
살아가는 것이 아니므로
모든 사람들의 호감과 긍정을 얻을 수는 없다."

인정받고자 할수록
관계에 얽매인다

인정(人情)과 이익을 주고받으며 쌓은 우정은 일시적이지만, 성품과 인격으로 발전시킨 우정은 오래간다.

친구가 떠날까 봐 두려워할 필요 없다. 친구가 없을 때는 그 시간을 활용해 스스로 성찰하고 자기 내면의 결핍을 보충하여 독립성과 자주성을 향상하면 된다.

시기가 무르익으면, 서로 박탈하고 침범하며 비교와 투쟁을 일삼지 않고 상호 존중과 이해를 바탕으로 협력하고 편안함을 느끼게 해주는 친구를 만날 것이다. 반드시 존중을 기반으로 세워져야 진실한 우정으로 발전할 수 있다.

너무 친근하거나 소원하지 않아야 서로 다름을 존중할 수 있다. 서로를 포용할 줄 알아야 비로소 자기 모습을 유지하면서 다른 사람의 진실된 모습을 볼 수 있다.

관계 속에서 '나'와 '너' 각자 본연의 모습을 잃어버리지 않는 것이 교류와 협력을 이어가는 관건이다. 건강하고 올바른 것들을 인생으로 끌어당겨야 당신도 건강하게 살아갈 수 있다.

친구나 다른 중요한 관계에서 당연히 어느 정도 노력해야 한다. 하지만 노력은 거래가 아니라 관계를 더욱 풍요롭고 공고하게 다지는 영양분이다.

관계를 꽃이나 나무에 빗댄다면 당신은 그것을 가꾸는 데 심혈을 기울여야겠지만, 누군가와의 관계가 자신의 통제 범위를 벗어나지는 않을까 의심하고 불안해할 필요는 없다. 이렇게 되면 사소한 일에도 민감하게 반응하여 존중을 잃어버리거나 더 나아가 개입하거나 통제하려 든다.

자신에 대해 진실할 수 없으며 긍정적인 감정으로 자신을 받아들일 수 없기에, 다른 사람들에 대해 의심과 두려움을 가지게 되며 그들의 선의를 곧이곧대로 받아들이지 못한다.

노력은 하되
전전긍긍하지 마라

자신을 소중히 대할 수 있어야 관계도 소중히 대할 수 있다.

다른 사람에게 잘하는 것은 자신의 이익을 희생하는 것이라고 잘못 해석하는 사람들이 있다. 관계를 희생의 관점으로 보면 고통과 부당함을 감내할 가능성이 크다.

하지만 이것은 매우 잘못된 생각이다. 자신을 어떻게 돌봐야 할지 모르고 소중히 대하는 방법을 알지 못하는데, 어떻게 다른 사람을 돌보고 소중히 여길 수 있겠는가?

자신을 존중하지 못하는 사람은 자신에게 굳건한 지지를 보낼 수 없고 어려운 선택의 기로에 놓였을 때 자신의 입장과 태도가 어떠한지도 스스로 파악할 수 없다. 관계 속에서 수동적으로 희생이나 착취를 당하고 있음에도 조율이나 협상할 능력이 없으며, 어떻게 자신의 의견을 피력하는지 그리고 다른 사람에게 어떻게 반응해야 하는지 몰라서 무력함만 느끼게 된다.

이들의 마음속은 두려움과 초조함으로 가득 차, '됐어, 괜찮아', '상관없어', '따지지 말자, 이만하면 된 거지'와 같은 말로 스스로를 억눌러서 자기 안에 진실된 감정과 생각이 자리 잡을 틈을 허락하지 않는다.

인생에서 모든 결정이 '부득이'하며 나약한 자아가 '어쩔 수 없이' 내린 것이라면, 자신을 스스로 보호할 수도, 자신의 권익을 확보할 수도 없다.

자신의 기본적인 권익을 보호하지도, 자신의 요청에 제대로 반응하지도 못하기 때문에, 다른 사람들이 너무나도 쉽게 권위자, 착취자, 통제자로 나설 수 있다.

어쩌면 스스로 보호할 힘이 없으므로 권위자의 옆에서 지내기를 더 갈망하는지도 모른다. 다른 사람들이 마음대로 자신을 대하거나 함부로 통제하는 것을 방임한다.

이러한 관계는 단기간에는 서로의 필요에 의해 친밀함을 유지할 수 있으나, 작은 충격에도 순식간에 와해되기 마련이다.

여기서 말하는 충격이란, 관계를 구성하는 이익이 사라지거나 어느 한쪽이 권력구조를 바꾸고 싶어 하거나, 더욱 매력적인 다른 조건이 나타나는 것을 말한다. 기존의 친밀한 관계를 순식간에 뒤바꿀 수 있으며, 연쇄적으로 관계의 변화와 파멸을 불러올 수도 있다.

어떠한 관계를 맺어나갈 때, 자신의 상태를 관찰하고 면밀히 파악하는 것이 필요하다.

사람들은 힘든 시기에 공감과 응원을 필요로 하며 협력과 동반을 통해 스트레스와 어려움을 극복하고자 한다. 이때 자신의 주체감을 확보하고 자아의 회복을 촉진하며, 자신의 독립을 도와주는 것을 기반으로 해야 한다. 관계에 기대어 안전감과 존재감을 확보하고 관계를 통해 내면의 공허함과 허무함을 채운다면, '불건전한 관계'가 파고들 빈틈을 내주게 된다. 결국 감정적으로 취약해져서 통제와 착취를 쉽게 받아들인다.

인생의 회의감이나 공허함이 찾아왔을 때 누군가에게 의존하고자 하는 생각을 품고 있는 것은 아닌지, 또는 자신의 인생을 구원해줄 누군가를 기대하는 것은 아닌지 잘 판별해야 한다.

우리가 처음 관계를 맺을 때부터 잘못된 길로 접어들고 있지 않은지 확인해야 한다. 개인의 존재를 수용하고 존중할 줄 알아야 비로소 품위 있는 관계를 맺을 수 있다.

"자신을 사랑하지 않는 사람은
자신을 사랑하는 사람을 만나지 못한다.
자신이 충분히 좋은 사람임을 알아야
충분히 좋은 사람을 만날 수 있다."

이상적인 관계를
꿈꾸지 마라

주위 사람들을 '이상화(理想化)'해서는 안 된다. 그러면 상대가 이상에 부합하지 못했을 때, 당신은 그를 미워하거나 경멸하기 쉽다.

완벽하게 이상적인 사람도 없고 악마처럼 혐오스러운 사람도 드물다. 대부분 지극히 평범한 '사람'으로, 다양한 인성을 지녔다.

내면의 상상과 갈망 그리고 형상화(形象化)로 인해 당신은 상대방에게 숭배하거나 경멸하는 이미지를 투영하게 되는데, 사실 이러한 감정은 상대방과 아무런 관련이 없다.

다른 사람을 어떻게 상상하고 평가하든 모두 진실된 모습이 아니다. 그저 자신만의 색안경을 끼고 상대방을 보고 있을 뿐이다.

좋은 마음으로 타인을 보면, 그는 천국이 되어 우리를 적막함과 침울함에서 구원해준다. 경멸과 배척하는 마음으로 타인을 보면,

지옥이 되어 우리의 에너지를 갉아먹고 평온을 깨트린다.

타인을 이상화하거나 악마화한다면 다른 사람들과 어떻게 상호 작용해야 하는지, 그리고 어떻게 상대와 더불어 살아야 하는지를 알지 못한다.

우리는 이기(利己)와 이타(利他) 사이에서 흔들리고 있으며, 자신 혹은 타인을 우선적으로 돌보고자 하면서도 양극의 사이에서 몸부림치고 있다. 이기적이거나 이타적인 인성도 있으며, 자신을 돌보고자 하면서도 타인을 신경 쓰기도 한다.

그 누구도 완벽한 사람은 없다는 것을 천천히 깨달아가는 과정에서 우리가 할 수 있는 것은 자신에게 진심으로 대하고 환경의 변화에 따라 열심히 대응하는 것이다.

기대감이 클수록
증오도 커진다

수많은 관계는 상대적이다. 당신이 타인의 '강인함'을 견디지 못하고 벗어나려 할 때, 타인은 당신의 '나약함'을 견디지 못해 당신이 분발하기를 바랄 수 있다.

당신이 타인의 '게으름'이 눈에 거슬릴 때, 타인은 당신의 '진지함'에 반감이 들어 눈을 치켜뜰 수 있다.

당신이 타인의 '독선적 태도'에 답답함을 느껴 거리를 두고 싶을 때, 타인은 당신의 '수동적 태도' 때문에 걱정하고 조언이나 충고를 하려 들 수 있다.

우리는 인정을 갈구하고 고독을 두려워하기 때문에 결국은 서로를 받아들이지 못한다. 우리가 '같음'을 요구하는 데 익숙하기에, 우리와 다른 것을 표현하지 못하게 하고 개성을 박탈하려고 한다.

하지만 다름을 받아들임과 동시에 서로를 포용하여 편안함을 느껴야 대화와 공존의 가능성이 열린다. 그렇지 않으면 침해와 질책 그리고 공격만이 존재해 가까워질 수 없다.

먼저 편안한 분위기를 만들어야 서로를 알 기회가 생기고 더 나아가 어떻게 어울려야 하는지도 알게 된다.

상대의 입장에서 생각하는 연습을 해보자. 나의 세계는 나의 세계이고 타인의 세계는 타인의 세계라는 것을 이해해야 한다. 나의 세계에서 허용되지 않고 부도덕한 일이라고 생각되는 것들이 타인의 세계에서는 허용되며 부도덕한 일이 아닐 수도 있다.

자신이 정한 기준과 규범은 자신의 세계에서 통용될 뿐 내가 타인이 살아가는 방식을 결정할 수는 없다. 타인의 인생이 마음에 들지 않고 그의 세계를 받아들일 수 없다면 당신이 떠나면 그만이다. 이렇게도 큰 세상에서 굳이 그 사람과 분쟁을 일으킬 필요는 없으니 말이다.

하지만 당신은 포기하지 않고 필사적으로 그를 붙잡아서 그가 살아가는 방식과 그의 세계를 파괴하거나 와해하려 들 것이다. 이것은 당신이 통제를 가하는 것이며 타인의 세계를 침범한 것이자 타인의 세계에 막대한 악의와 적대감을 보이는 것이다.

에너지와 체력 그리고 시간을 소모하며 다른 사람과 분쟁과 다툼을 하는 것은 사랑하기 때문이 아니라 원망과 증오 때문이다.

필사적으로 상대방을 굴복시키고 무너트리며, 상대방을 부도덕하고 기준에 부합하지 않는 실패자로 단정 짓는다고 해서 나에게 어떤 이득이 생기는 것도 아니다.

과거의 감정이 현재를 지배하게 두지 마라

이러한 배경에는 대부분 어린 시절의 감정적 상처(끝나지 않은 일이나 마무리되지 않은 감정도 포함)가 있다.

트라우마나 콤플렉스는 대부분 부당한 대우를 받았던 경험에서 비롯된다. 어린 시절에 상처를 받았거나 학대 또는 냉혹한 멸시를 당했기 때문에 성인이 되어서는 자신이 올바르고 완벽하며 무결하고 나약하지 않음을 증명하면 자신의 열등감과 무력감을 완전히 전복할 수 있다고 생각하는 것이다.

무력함과 두려움 그리고 멸시당했던 괴로운 감정들을 깨끗이 씻어내고 자책감이나 부끄러움을 느끼지 않기 위함이다. 그리하여 자신이 과거에 당했던 것을 상대에게 그대로 돌려주면 가련하고도 무력했던 자신으로부터 멀어질 수 있다고 생각한다.

우리는 과거의 잔인하고 까칠했던 윗사람의 자리에 앉아 과거에 '강자'라고 생각했던 모습으로 변모한다. 그런 다음 희생양을 찾아 과거의 나약한 실패자였던 자신의 위치에 앉힌 후, 강자가 되어 다른 사람의 세계를 통제하고 지배하려 든다.

이것은 일종의 병리적 관계이다. 하지만 마음의 상처나 병은 신체의 상처나 병처럼 겉으로 잘 드러나지 않기 때문에, 많은 사람들이 자신이 병든 상태라는 것을 알지 못한다. 과거의 원한과 증오를 되풀이하고 있다는 것을 깨닫지 못한 채 계속해서 희생양을 찾고 잔혹함과 엄격함으로 악습을 되풀이한다.

술주정을 하거나 마약을 흡입하는 사람에게 술과 마약이 일상이듯, 폭력에 익숙한 사람은 폭력을 당연시하고, 병리적 관계에 놓인 사람은 병리적 통제와 감정적 학대를 문제라고 생각하지 않는다.

내면의 진정한 고통과 왜곡을 인지하거나 자각하지 못하면, 내면의 지옥은 계속해서 당신의 외부 세계를 두드리며 결국에는 삶을 온통 힘들게 할 것이다.

"우리는 인정을 갈구하면서도 고독을 두려워하기 때문에
서로에게 의존하려고 한다."

노력이 삶의 목적이
되어서는 안 된다

사람들은 "세상살이가 내 뜻대로 되지 않는다"는 말을 자주 입에 올린다. 이 말은 살아가기 위해서라면 자신이 원치 않는 일도 해야 한다는 뜻이다.

과거에 빈곤과 결핍 그리고 불공평과 착취가 만행했던 사회에서는 생존 자체가 중요했다. "당신이 충분히 노력하지 않고 영민하지 못해 경쟁과 쟁취에서 도태되면 당신은 생존할 수 없다"는 메시지가 지배적이었다.

그때는 생존하기 위해 사람들과 경쟁하고 서로 쟁취하려고 다퉜다. 다른 사람을 억압하고 짓밟으면 충분히 이길 수 있고, 그래야 생존할 수 있으며, 이 세상을 살아나가는 유일한 방법인 것처럼 말이다.

생존 자체가 불안한 환경에서 스스로 생존하기 위해 어떠한 수단과 방법도 가리지 않는다. 성공을 위해서라면 다른 것은 고려할 필요도 없는 것이다. 이 같은 이유로 우리 사회에는 거짓과 기만이 횡행하게 되었다.

품격이 없고 오직 자기 이익만을 추구하는 사회에서는 모든 사람들이 어쩔 수 없는 환경에서 노예처럼 살아가게 된다.

성공, 성취, 승리만을 부르짖는 이들에게 이념, 신념, 사회공헌이라는 가치는 없다. 또한 이들은 눈앞의 이익과 성과를 위해 자신의 모든 것을 내던지기도 한다.

인생의 방향을 정하기 위해서는 목표가 필요하다. 목표가 있어야 어떠한 삶을 살아갈 것인지, 그리고 어떠한 것들을 이뤄내고 쌓아나갈 것인지를 알 수 있다.

하지만 근시안적인 목표와 이익을 추구하다 보면 다음에 어떠한 일들이 연쇄적으로 발생할지, 어떠한 대가를 지불해야 할지를 생각하지 못한다.

맹종(盲從)은 줄곧 사회에서 변하지 않는 현상 중 하나이다. 자신이 갖지 못할 것에 대한 두려움, 실패에 대한 두려움이 야기하는 현상이다.

수많은 역사의 기록을 통해 맹종의 비극 혹은 이것이 사람의 인생에 끼치는 피해들을 지켜봐 왔음에도 여전히 많은 사람들은 맹종을 선택하고 있다. 불안하기 때문에 맹종하는 것이다.

두려움과 불안함을 지닌 채 살아가면 얼마나 많은 물질과 경제적 자원을 가졌든 내면은 여전히 부족함과 결핍을 느끼며 끊임없이 더 가지고자 욕망하게 된다.

사회에서 도태되지 않기 위해 소신을 버리고 열정과 이상 그리고 정신적 만족이 없는 삶을 살아가고 있다. 불안하기 때문에 맹종하며, 자신이 진정으로 원하는 것이 무엇인지를 잊고 다른 사람의 가치관과 기준대로 살아간다.

나를 알아가면서
성장한다

일의 의미는 자신의 가치를 창조하는 데 있고, 일하면서 자아실현을 할 수 있어야 한다.

하지만 물질과 금전적 필요를 충족하기 위한 목적만으로 가정과 학교에서는 아이의 재능이나 능력을 개발하지 않고, 어떤 학과를 선택하고 어떤 것들을 배우고 익히며 어떤 활동에 참여할지를 모두 다른 사람이 결정한다.

학부모는 다른 학부모들이 무엇을 하고 어떤 것을 계획하고 있는지를 신경 쓰며 자신의 아이가 밀리거나 뒤처지지 않도록 열심히 쫓아간다.

우리는 통조림 공장의 주형(鑄型)에 따라 제조된 상품과 유사하여, 사회에 나왔을 때 막연함과 두려움을 느끼고 자신감과 자존감도 결여되어 있다.

이번 생을 살면서 자신을 완성하고 자아를 실현할 수 있다면 그것이 바로 거대한 성취다.

자기 인생의 가치를 발견하고 이를 위해 노력하는 것 또한 성공적으로 자아를 실현하는 길이다.

자신이 누구인지 모르는 무지의 상태에서 자신의 불완전을 발견하고 자아의 완전성을 회복하는 과정에서 성공을 찾을 수 있다.

자신부터 시작하여 주변에까지 긍정적인 작용을 끼치고 일련의 변화를 이끄는 것도 사람들에게 인정받고 존경받을 만한 성공이다. 그리고 이러한 성공은 더욱 충만하고 가치 있는 인생을 만들어줄 것이다.

"우리를 망치는 것은 다른 사람들의 눈이다.
나를 제외한 다른 사람들이 모두 장님이라면,
나는 굳이 번쩍이는 가구를 원할 필요 없을 것이다."
– 벤저민 프랭클린

모든 사람들에게
집중하지 마라

항상 내가 좋아하고 원하는 삶을 살 수는 없다. 많은 사람들이 당신에게 분노와 초조, 고통, 낙담을 가져다줄 것이다.

그들은 인생이란 여정에서 맞이하는 시련과 같다. 당신의 앞길을 막아서며 일순간 당신을 혼란에 빠뜨려 어떻게 해야 할지 종잡을 수 없게 만든다.

당신은 좋아하는 일이 있고 어떤 것에 흥미와 열정을 느끼는지를 알고 있으며, 인생이란 경기장에서 용감하게 그리고 열심히 제 몫을 해내고 있다.

하지만 가끔 당신에 대해 부적절한 평가를 내리는 사람들에게 신경 쓰며 감정의 기복을 느낀다. 그러나 상대방의 비평이나 지적이 사실은 그의 나약함을 감추기 위한 것임을 알아야 한다.

그렇다면 당신이 정말 신경 써야 할 사람은 누구인가?

당신이 마음에 두어야 할 사람은 당신의 불완전함을 알고 있으면서도 당신의 약점을 받아들일 수 있고, 당신을 존중하고 수용할 수 있는 사람이다. 이들이 바로 당신이 중요하게 생각해야 할 사람이다. 우리는 이러한 사람들을 판별하는 능력을 길러야 한다.

부적합한 간섭이나 방해를 차단하지 못하면, 당신이 이뤄내고자 하는 이상을 향해 나아갈 충분한 에너지를 확보하지 못할 것이다.

마음을 다해 자신을 독려하고 용기를 북돋워 탐험하려고 하지 않고 편안한 환경 속에 갇히면 몸이 굳어갈 뿐이다. 감정적, 이성적 능력이 소실된 사람은 그저 숨만 쉬는 개체에 불과하다.

인생에 '올바른' 지지와 독려를 보내줄 사람이 있어야 뜻하는 바를 이뤄낼 수 있고 자신을 사랑하고 존경할 수 있다. 에너지를 다른 사람에게 쓰며 자신을 소진하면 득보다 실이 더 많은 법이다.

살아간다는 것은 단순히 음식물을 섭취하는 것이 아니라 자신이 중요하고 가치 있다고 생각하는 것을 추구하고 그 과정에서 행복과 친밀감을 느끼는 것이다.

하지만 인생의 가치를 누군가가 통제하고 조정하려 들 때 거기에 휘둘려서는 안 된다. 그들은 당신의 낮은 자존감이나 자기 가치감 그리고 불안정한 자아 정체감과 온전하지 못한 자아를 발견하면, 당신을 간섭하고 통제하려 들 것이다.

내 인생의 가치관은
내가 세운다

왜 다른 사람이 당신을 통제하게 만드는가?

자존감이 낮은 사람은 타인의 인정과 칭찬을 받음으로써 자신이 잘못된 인생을 살고 있지 않다는 것을 증명하고자 한다. 하지만 타인에게 인정받기를 원한다면 인생에서 좋은 결과를 맞이하지 못할 것이다.

당신이 자신에게 무정하고 냉담하게 굴지 않았다면 자신을 무정하고 냉담하게 대하는 사람을 곁에 두지 않을 것이다.

당신이 자신을 비판적으로 대하지 않았다면, 잔혹하고도 비판적인 대우를 묵묵히 견뎌내지 않을 것이다.

이런 사람들은 어릴 때부터 부정적인 비판의 목소리나 까다로운 요구에 둘러싸여 조금의 여유도 없이 살아왔다. 다른 사람들의 입에서 나오는 비평과 질책의 말들은 모두 자신에 대한 요구와 훈계가 되었다. 다른 사람들의 입에서 나오는 부정적인 말은 당신에게 악영향을 끼쳐 사랑받지 못하는 것에 두려움을 느끼고 버림받지 않을까 전전긍긍하게 만들었다.

다른 사람의 만족이나 인정을 갈구하며 다른 사람의 비평과 부정의 순환 고리에서 실망과 낙담을 반복하게 된다.

다른 사람의 인생 가치관과 태도를 나에게 적용하지 마라. 상대가 바라는 것과 기대를 당신이 짊어질 필요 없고, 그가 만족해하는 인생을 살지 않아도 된다.

자신의 인생을 귀중히 여긴다면, 스스로 만족하는 인생을 살고, 스스로 원하는 사람이 되기 위해 전력을 다해야 한다. 다른 사람의 나약함과 무책임을 대신 책임지며, 당신을 통제하도록 내버려 두지 않아야 한다.

물론 실력과 경험을 겸비하고 있어 책임질 줄 알며 통찰력을 가진 믿을 만한 사람을 따를 수는 있다. 그런 사람들에게 배우는 것은 가치 있는 일이다. 하지만 그를 받들거나 그를 위해 희생할 필요는 없다.

그 또한 당신의 성장과 자립심 그리고 활기찬 모습을 기쁘게 받아들일 것이기에 당신을 깎아내리거나 공격하려 들지 않을 것이다.

당신이 인간관계의 거짓과 교활함을 직시할 때, 비로소 깨어나 현실의 세계를 살아갈 힘을 갖게 된다.

"중요한 것은 자기에게 부여된 길을 똑바로 나아가는 것이다.
다만 그것을 다른 사람들의 길과 비교하지 않아야 한다."

– 헤르만 헤세

관계의 리스트를
정리하라

관계의 경계선을 보호하고 자아를 존중하는 법을 연습할 때 인간관계를 재구축하는 과정이 필요하다. 당신의 연락처 목록은 바뀔 것이며 상호작용하는 대상도 바뀌게 된다.

하지만 누군가 떠나는 것을 두려워하지 말고 용감하게 이별하자. 그래야 서로 공감대를 형성하고 존중할 수 있는 사람만 남길 수 있다.

만남이 있으면 헤어짐도 있고, 인간관계를 정리하는 것도 자아를 재구축하는 과정이다.

인간관계를 재구축하지 않는 사람은 자아 성장에 필요한 것을 깊이 이해하지 못하기에 모든 관계를 붙들고 있으려 한다. 관계에 변함이 없어야 좋다고 생각하는 것이다.

당신의 인생이 성장 단계에 놓여 있다면, 당신은 진취적으로 행동하여 생활 반경을 넓혀나가고 이전까지는 이해하지 못했던 많은 일들에 대해 하나둘씩 깨달음을 얻게 될 것이다.

기존의 편안한 환경에서 벗어나지 않으면 이 세상이 얼마나 크고 다양한지 알지 못할뿐더러, 이 세상이 열렬히 사랑할 가치가 있고 그 속에서 자아를 실현할 수 있으며 자아를 완성하는 과정에서 다양한 경험을 할 기회가 있다는 것을 깨닫지 못한다.

영원불변한 관계를 원한다면 익숙한 사물, 습관, 생활방식 등에 변화가 찾아오지 않기를 바란다. 이러한 생활은 어떠한 도전을 맞이할 필요도 없고, 자신 없는 것들을 행하거나 배울 필요도 없지만, 그 대신 자신이 인지하는 세상의 범위도 제한적일 수밖에 없다.

변화를 받아들이지 못하는 사람은 이별에 제대로 대처할 수 없다. 그리고 이별에 대처하지 못하면 관계의 경계선도 명확하게 나누지 못한다.

이러한 사람들은 그 무엇도 명확히 보려고 하지 않으며 그저 모두를 끌어당겨 함께 어울리려고 한다. 이들은 너와 나를 구별하는 것을 자유가 아닌 버림과 거절로 받아들인다.

이들은 유년 시절에 머물러 있고자 한다. 어미의 따뜻한 품과 온기 속에 머물며 외부에 맞설 힘과 능력을 기르려고 하지 않는다.

타인과 나 사이에
방어선을 구축하라

갓난아이는 자신의 힘으로 일어설 수 없다. 하지만 아이는 본능적으로 울고 소리치는 방법으로 보호자가 자신의 존재를 알고 자신의 필요를 충족하도록 만든다. 이것이 갓난아이가 생존하기 위한 본능이다. 그리고 아이가 자랄수록 점점 더 자신의 힘으로 구르고 기고 서며, 걷고 뛰는 것까지 많은 도전을 한다.

성장형 아이는 처음에 보살핌을 받는 위치에서 벗어나 스스로 움직이고자 한다.

생명의 능동성과 성장의 본능은 자연스럽게 가장 익숙한 가족이나 환경에서 멀어질 필요가 있다는 것을 깨닫게 한다. 멀어질 수 있어야 성장할 기회가 생기는 것이다.

따라서 이별의 순간을 맞이하거나 이별해야 할 상황이 생기면, 슬픔과 낙담에 빠지지 말고 자아의 독립과 개인의 발전에 도움을 주는 기회로 여겨야 한다.

그리고 이때 관계의 경계선을 발견하게 된다. 서로를 얼마나 아끼고 사랑하든 결국 사람은 모두 독립적인 개체이며 어쩔 수 없이 이별의 순간을 맞이하게 된다.

관계의 경계선을 알지 못하면 이별의 순간이 도래했을 때 고통을 더욱 크게 느낄 것이다. 하지만 아무리 고통스럽고 괴로울지라도 이별은 사람이 반드시 직면해야 하는 과제이다.

타인과 나 사이에서 관계의 경계선을 구분하려면 다음의 요소가 필요하다.

■ **인지 체계를 바꾸기** 과거의 관성으로 인간관계를 이어가지 말고, 복종과 순종을 당연시하지 말며, 심신이 두려움과 불안에 떨지 않도록 해야 한다. 각자의 독립적인 자아를 유지하며 서로를 침범하거나 점유하려 들어서는 안 된다는 것을 인지해야 한다.

■ **자신의 감정을 이해하고 느끼기** 내면의 감정을 인정할 수 있어야 한다. 그래야 타인과 나 사이에 어느 정도 거리를 둬야 할지를 알고, 경계선을 긋더라도 긍정적인 태도로 상대와 소통하고 협업할 수 있다. 논리적이고 합리적인 사고로 다른 사람의 애매모호한 화법이나 무논리에 대응할 수 있으며, 동정심, 죄악감, 자책감 등을 이용해 감정을 조종하려는 상대방의 의도를 파악할 수 있다.

■ **올바른 관념과 원칙 세우기** 누군가 당신에게 도움을 요청했더라도, 본인이 어디까지 도와줄 수 있는지를 잘 고려해본 후 움직여야 한다. 협업을 약속했더라도 무조건적으로 상대방에게 맞춰야 하는 것은 아니다.

관계의 경계선을 명확하게 나눠야 자신의 방어선을 강화할 수 있다. 그렇지 않으면 선을 넘어오는 사람에게 이리저리 휘둘리게 된다.

감정의
방화벽을 쳐라

특히 감정의 경계선(타인의 감정이 침투하는 것을 막아내는 범위)을 강화해야 한다. 감정의 방화벽을 세우고 보호하는 것은 독립적인 감정을 느끼고 체험할 권리를 확보하기 위해서다.

감정의 경계선이란 당신이 다른 사람의 감정을 읽고 '이해'하는 것이지 '해결'해주는 것이 아니다. 또한 다른 사람이 감정을 느낄 권리를 침해해서도 안 된다.

타인이 느끼는 감정에 대한 이유와 배경을 이해할 수는 있지만, 그의 감정을 '통제'할 권리는 없다. 감정을 통제하고 해결할 수 있는 것은 오직 당사자뿐이다. 당신은 그것을 존중해주고 이해해주면 된다. 그들에게 적극적인 동조와 지지를 보내주는 것으로 충분하다. 절대 상대방에게 휘둘리며 통제당하거나 그들을 만족시키려 할 필요 없다.

당신은 자신의 감정을 잘 돌보고 다스려야 하며, 내면의 불안과 초조가 고개를 들지 못하도록 막아야 한다.

감정의 경계선이란 상대방의 요구에 맞추고 문제를 해결해주는 것이 아니다. 이렇게 되면 그의 감정이 당신을 옥죄고 통제할 것이다.

감정의 경계선을 구축하면 상대방의 감정적 영향을 받아서 자신이 진정으로 원하는 선택과 행동 그리고 결정 등을 바꾸지 않을 수 있다.

우리는 자신이 선택한 것만 책임지면 된다. 타인의 감정 때문에 자신의 선택이 영향을 받는다면, 당신은 타인의 감정 노예나 포로가 될 뿐이다.

감정의 경계선을 세우고 내면의 방어선을 강화해야 한다. 자신만의 주체와 자유가 있다는 것을 알면, 다른 사람의 관념과 선택 그리고 생각과 행동은 나와 다를 수 있음을 받아들이게 되어 독립적이고 완전한 인격체로 거듭날 것이다.

"내 존재의 의미는 나의 삶이 나에게 던지는 질문에 있다.
'나는 누구인가'라는 물음에 스스로 답하지 않으면
세상의 반응에만 의존하게 된다."

– 카를 구스타프 융

신경 쓰이는 사람은
관계를 끊어라

우리는 부당한 시대를 살아가면서도 스스로 행복해지기 위한 방법을 생각해야 한다. 즐거운 마음을 유지하고 감정의 기복을 잘 다스릴 수 있다면, 실망과 슬픔으로 상처받는다고 해도 문제되지 않는다.

우리는 왜 불필요한 일을 계속 고민하고, 자신의 능력 밖의 일 때문에 자주 자책하며, 다른 사람의 인생에 자꾸만 신경 쓰는가?

마음이 편해지고, 걱정을 덜며, 다른 사람의 걱정을 하지 않을 수는 없는가?

우리의 내면 깊은 곳에서는 일이 잘못될까 봐 두려워하지만, 정작 우리가 가장 두려워하는 것은 '너무 이기적이다', '자기밖에 모른다', '차갑고 무정하다'와 같은 비평의 소리다.

우리는 다른 사람과 자연스럽게 융화되고 환영받기를 원하기 때문에, 하루 온종일 다른 사람을 생각하고, 신경 쓰며, 마음을 졸이고, 전전긍긍한다. 다른 사람을 배려하며 그들을 위해 희생을 감내할 수도 있는 선량한 사람이라는 것을 보여주기 위함이다.

　이러한 자책과 걱정은 다른 사람이 인생을 올바르게 살고 있는지, 잘 살고 있는지까지 자신이 책임지려는 것과 같다. 이러한 과정에서 타인이 나에게 품고 있는 기대를 만족시키려 하므로 자기 삶의 에너지를 남을 위해 쓰게 된다. 더 나아가서는 내 삶을 즐기지 못하거나 편하게 지낼 수조차 없다.

　당신이 편안하고 즐겁게 살아가면 누군가 불만을 품으며 화를 낼까 봐 두려운가? 아니면 누군가의 꾸중을 듣거나 질타를 받을까 봐 신경 쓰이는가?

　당신을 즐겁고 행복하게 해주지 않는 사람들을 두려워해서는 안 된다. 안 좋은 감정들과 불행은 바이러스처럼 전염되고 널리 퍼져나가기 마련이다. 당신은 이러한 바이러스에 감염되었으면서도 그 사실을 자각하지 못하고 있는 것은 아닌지 잘 살펴보아야 한다.

　당신은 어떤 사람의 인생 신념을 무조건적으로 받아들이고 그러한 삶이 올바른 것이라 믿고 있지 않은가?

사회 시스템의 함정에서
빠져나오기

우리는 자신의 행복 추구의 권리와 자유보다 타인을 돌보고 만족시키며, 자신의 쾌락을 좇거나 향유해서는 안 된다는 사회 분위기 속에서 살아왔다.

이러한 의식이 우리의 잠재의식 깊이 자리 잡고 있어 스스로 어떻게 생각하는지 그리고 어떠한 감정을 느끼고 있는지조차 명확하게 말하기 어렵다. 게다가 내면의 이유 모를 불안감에 휩싸이면 자신이 어떠한 행동을 해야만 한다고 여기게 된다.

다른 사람이 불공평한 대우를 받는 것을 목격하면 자신이 정의롭게 나서야 하며, 부모에게 어떠한 요청을 받으면 반드시 그에 따르거나 만족시켜야 하고, 또 다른 사람의 문제를 해결해주어야 하며, 다른 사람의 요구를 거절해서는 안 된다고 생각한다.

우리는 이러한 문화적 제약과 정해진 교리를 따르지 못했을 때, 쓴소리를 듣거나 배척당하는 것을 두려워하고 있다.

당신은 어려서부터 생존의 불안 속에서 능력이나 존재 가치를 증명하지 못하면 언제라도 외면당할 수 있다고 생각했다.

왜 능력 있는 사람이 더 많은 짐을 짊어지고 더 힘들어지며, 능력 없는 사람은 배움이나 노력도 필요 없이 어려움을 회피할 수 있는 것일까? 왜 능력 있는 사람들에게 무한한 책임을 지우도록 요구하면서도, 자신의 인생을 돌보는 것을 등한시하는 것일까?

능력 있는 사람은 도덕이란 미명 아래 구속되고 감정에 얽매이게 되어 어깨에 모든 책임을 짊어지게 된다. 하지만 성장을 거부하고 책임지는 법을 배우려 하지 않는 사람들은 자신의 인생 과제를 회피하며 책임을 다른 이에게 전가한다.

자책의 굴레에서 벗어나기

다른 사람이 자신에게 협조하고 만족을 주어야 한다고 여기는 관계를 주위에서 흔히 볼 수 있다. 맏이로 태어났으면 마땅히 동생들을 위해 희생해야 하고, 여자는 따뜻하고 부드럽고 배려심이 넘치며 호감을 주어야 하고, 남자는 책임감이 강하고 나약함이나 두려움을 쉽게 드러내서는 안 되며, 배우자는 상대방을 잘 보살펴야 한다는 것들이 대표적이다.

이 세상은 대개 합리적인 책임 분담을 따지기보다는 강압적인 요구나 희생을 호소하기에 사실 부당하다고 볼 수 있다.

상대방에게 버려지거나 거절당할까 봐 두려움을 느끼는 내면이 공허한 자들이 상대의 요구를 받아들인다.

행복이란 당신이 다른 사람들을 잘 살게 해주고 걱정 없이 지내게 해주는 것이 아님을 알아야 한다. 이것은 진실된 행복이 아닐 뿐더러, 더욱이 당신에게는 다른 사람의 감정과 느낌을 통제할 능력이 없다.

다른 사람의 감정이 어떠한지 계속 신경 쓰는 사람은 관계에 불안함을 느끼고 다른 사람을 만족시키려 하는 것이다.

진정으로 행복을 일구려면 자신의 성장과 단련을 통해 자신을 안정시키는 능력을 계발해야 한다. 당신이 인생의 풍파 속에서 평온을 유지하고 좌절과 실망을 받아들일 수 있어야, 내면의 걱정과 불안에 잠식되지 않을 것이다. 그러면 당신은 무의식 속의 열등감 콤플렉스에 휘둘려 자신을 괴롭히지 않을 수 있다.

자신을 인질로 삼거나 저당 잡아 내면의 안전감을 얻기 위한 방법을 외부에서 찾고자 해서는 안 된다.

자신을 좋아하고 우호적으로 대해야 한다. 결코 자신을 괴롭혀서는 안 된다. 이러한 능력이야말로 부당한 세상에 살면서도 진정한 행복을 얻는 길이다.

"깊은 확신에서 나온 '아니오'는
단지 상대의 기분을 맞추기 위해서 내뱉는 '예'보다 훨씬 낫다."
— 마하트마 간디

선택권은 나에게 있음을
직시하라

사람들에게 은혜를 베풀거나 사회에 기여하지도 않고 생산성도 전혀 없으면서 당신의 재능과 성과를 불편해하는 사람들이 있을 것이다. 하지만 그들의 이러한 마음가짐을 굳이 해결해줄 필요가 없다.

다른 사람이 '시기와 질투'로 점철된 인생을 살아간다면 그 결과에 대한 책임은 스스로 져야 하고, 당신은 피해를 보지 않도록 조심해야 한다.

당신은 자신의 가치와 능력을 긍정하여 스스로를 인정하고 존중할 줄 알아야 한다. 신랄한 말로 당신을 비평하거나 평가절하하는 사람들의 동의나 칭찬을 받지 않고도 당신은 의미 있는 인생을 살 수 있고 의미 있는 사회관계를 맺을 수 있다.

물론 다른 사람의 '시기와 질투'가 불편하고 때로는 억울함을 느끼기도 하겠지만, '시기와 질투가 극에 달한' 사람은 되레 스스로를 갉아먹는다.

상대의 시기와 질투에 상처받을 수도 있는데, 반드시 그 상처를 제때 치료해서 자아를 회복해야 한다.

인생을 살면서 모든 사람들이 당신을 좋아할 수는 없다. 이 세상은 결코 완전하지 않으며 사람들은 어두운 인성을 가지고 있다. 그러므로 자신이 어떤 대우를 받아야 하는지 스스로 선택하고, 당신을 정말로 존중하고 아껴주는 사람을 받아들여야 한다. 반대로 당신에게 부당한 대우를 하는 사람들이 있다면 자신에게 선택권이 있음을 명확히 인지하고 적당한 시기에 그들을 떠나보내야 한다.

타인이 당신에게 부당한 대우를 하고 상처를 입히며 압박과 통제를 가하지 않도록 해야 한다. 당신은 자신의 성장과 발전 그리고 자신에 대해 책임지며 열심히 인생을 살아나가야 한다.

다른 사람들이 당신에게 함부로 냉소와 조소를 짓게 해서는 안 되며, 다른 사람의 주관적인 해석과 피해 속에 살아가서도 안 된다.

타인은 당신이 아니며, 당신 또한 타인이 아니다. 당신이 어떠한 인생을 살 것인지는 내면의 힘에 달려 있다.

다른 사람들이 어떻게 자신의 인생을 살아가든, 어떠한 결정을 내리든 당신은 그저 존중해주고 축복해주면 된다. 간섭이나 논쟁을 벌인다면 당신의 귀중한 힘과 에너지만 소모할 뿐이다.

누가 당신의 에너지를
갉아먹고 있는가?

다른 사람의 인정을 갈구하느라 끊임없이 노력해서는 안 된다. 당신은 자신이 원하는 인생을 살 수 있다. 자신을 파악하고 스스로 선택하고 책임져야 존엄과 가치를 지닌 인생을 살아가고 부정적인 에너지를 지닌 사람과 멀어질 수 있다.

진실하지 않고 다른 사람을 존중할 줄 모르는 사람과 마주하면, 당신이 아무리 노력하고 신중하게 행동할지라도 그들에게 긍정적인 반응을 얻지 못할 뿐 아니라 자신을 소모하게 된다.

이 세상을 살아가면서 누가 당신을 갉아먹고 있는지 누가 당신의 성장을 도와주고 있는지 잘 구별할 줄 알아야 한다.

당신이 어떠한 것을 말했을 때 누군가 다른 이야기를 하고 특히 당신에 대해 부정적인 말만 한다면, 당신과 진심으로 교류하고 토론하고자 하는 것인지, 아니면 당신을 해치려는 것은 아닌지 구별해야 한다.

이런 유아독존의 자세는 잠식과 점유 그리고 착취를 끊임없이 일삼곤 하는데, 오늘날의 인터넷 시대에 더욱더 성행하고 있다.

직접 얼굴을 보고 상호작용하는 것이 아니라 단지 키보드를 두드리며 너무나도 편하게 자신의 의견을 표출할 수 있다. 하지만 자신이 어떤 대상과 이야기하고 있다고 느끼지 않기에 아무런 거리낌 없이 생각나는 내용들을 거침없이 써 내려간다. 그리고 이런 내용들은 다른 사람에게 감정적 피해를 줄 수 있다.

인터넷으로만 상호작용하는 사람은 감정적 능력이 점차 결여되고 감정 이입도 떨어진다. 이렇게 되면 더욱 쉽게 자기중심적인 반응이 나타나고 자신이 원하는 것만 말하며 다른 사람의 견해를 듣거나 입장을 헤아려보지 않게 된다.

연구에 따르면 인터넷 소통을 즐기거나 SNS를 하는 사람들은 더 심각한 고독감을 느끼는 것으로 나타난다. 인터넷과 같은 가상의 세계는 사람들이 자신의 어두운 인성을 거리낌 없이 배출할 수 있는 공간이다.

인터넷을 통해 상호작용을 할 때면 알아차리기 힘든 증오나 원망의 감정들이 당신을 물들이고 있는 것은 아닌지 더욱 신중하게 살펴봐야 한다.

이것은 21세기를 살아가는 인류가 반드시 직면해야 하는 과제이자 사고하고 분석해야 하는 행위 중 하나이다.

어린 시절에 무너졌던 관계의 경계선을 제때 회복하고, 어떠한 사람이 계속 혼란을 유발하고 경계선을 침범하는지를 구별할 수 있다면, 자신의 마음과 내면의 질서를 잘 보호할 힘을 갖출 수 있다.

수많은 좌절과 인간관계에서 상처를 받다 보면 관계의 경계선이 무너져 자신을 보호할 수 없는 상태에 이른다. 하지만 자신의 존재 가치를 회복하고 자신을 존중하고 사랑한다면 관계의 경계선을 구축할 수 있다. 당신은 더 이상 혼란과 불확실성에 빠지지 않고, 관계의 경계선이 서로를 존중하고 보호하며 이롭게 한다는 것을 깨닫게 된다.

"그 누구에게도 당신을 마음대로 비난하거나 폄훼할 자격은 없다.
당신이 그런 자격을 그에게 주지 않는 한."

BOUNDARY

자신을 명확하게 파악해야

자신이 무엇을 원하는지를 알 수 있다.

자신이 무엇을 원하는지를 알면

어떤 인간관계를 맺을지도 명확하게 떠오른다.

그때 비로소 곁에 두어야 할 사람과

선을 그어야 할 사람이 구별된다.

PART
04

네 번째 단계

인생의 바운더리
세우기

'너는 너, 나는 나'라는
인식

우리는 다른 누군가를 위해 태어나지도 않았고, 누군가의 필요에 따라 존재하는 것도 아니며, 더욱이 누군가를 만족시키기 위해 사는 것도 아니다.

모든 사람들은 오묘하고 신비로운 생명의 탄생으로 존재하며, 삶의 진실을 깨닫고 경험하기 위해 존재한다.

삶이란 많은 경험을 통해 스스로를 단련하고 자아실현을 이루어 내는 것이며, 다른 사람이 아닌 진실된 자기 자신이 되기 위해 살아간다.

인생에 대한 책임과 무게를 견뎌내는 것은 다른 누군가의 칭찬이나 인정을 받기 위함이 아니며, 누군가의 기대에 부합하여 그들의 호감이나 사랑을 받기 위함이 아니다. 당신이 누군가에게 잘 보일 필요 없는 것과 같이 누군가에게 순종할 필요도 없다. 누군가 당신에게 반드시 필요한 것이 아니라면, 당연히 누군가에게 의존해서는 안 된다.

마찬가지로 그 누구도 당신의 칭찬이나 인정을 받기 위해 존재하거나 태어난 것이 아니며, 당신의 기대나 기준에 부합하기 위해 살아가는 것도 아니다.

우리는 그저 인생에서 서로를 스쳐 가는 인연이며 세상을 유람하는 여행자이다. 백 년 후에는 나도 당신을 기억하지 못할 것이고, 당신도 나를 잊을 것이다.

상대방과 상호작용하면서 느끼는 감정과 수면으로 떠오른 어두운 상처를 통해 자신을 알아차리고 치유하여 스스로를 다시 사랑하게 된다. 이처럼 우리는 서로를 비추는 거울이 될 수 있다. 그렇기에 사람들을 만나는 것은 큰 행복이자 인연이다.

하지만 결국 우리는 '너는 너대로 나는 나대로' 각자의 인생을 살아가야 한다.

게슈탈트 요법(Gestalt Therapy)의 창시자 프리츠 펄스는 '게슈탈트 기도문'에서 이렇게 말한다.

나는 내가 해야 할 일을 하고,
당신은 당신이 해야 할 일을 해야 한다.

나는 당신의 바람을 이루기 위해

이 세상에 존재하는 것이 아니다.

당신은 나의 희망 때문에 이 세상에 존재하는 것이 아니다.

당신은 당신이고, 나는 나다.

우리가 우연히 서로를 발견하게 되었다면,

그것은 매우 좋은 일이다.

하지만 서로를 발견하지 못했다 하더라도,

그것 또한 어쩔 수 없는 일이다.

이것은 인간관계의 구속이나 강압을 경계하고 진실되면서도 자유로운 관계의 의미를 전하고 있다.

서로 만나서 소통하고 인생의 깨달음을 공유할 수 있다면 더없이 좋은 일이다. 하지만 만남이 지속되지 않고 어긋나는 아쉬움 또한 받아들여야 한다. 지나친 기대는 물론 무리하게 강요해서도 안 된다.

억지로 따낸 과일이 어떻게 맛있을 수 있겠는가?

억지로 고치를 만든 나비가 어떻게 날 수 있겠는가?

쓸데없는 자책감에
시달리지 마라

어떠한 생명이나 사물은 강제적으로 통제하면 반작용을 일으킨다. 순리에 따른다는 것은 일종의 수용이며, 진실을 받아들이는 용기다. 사건이 이치에 맞게 변화하고 서로의 관계가 순리대로 흐를 때 인생의 진면목을 볼 수 있다.

우리는 사회 관습 때문에 강압적으로 혹은 마지못해 행동하곤 한다. 당신은 어쩔 수 없이 타인을 돕고 자기 의사와 상관없는 상대의 요구에 응하며 강압적인 위협과 압박에 노출되어 타인의 기대에 부응해야 한다.

자신이 진실로 원하는 인생을 산다는 것은 쉽지 않은 일이지만, 습관적으로 자책감에 휘둘려 자신을 구속하면 다음의 2가지 결과가 나타난다.

• 자신을 사랑하지 않고 스스로 아낄 줄 모른다. 자신에게 만족할 줄 모르고 혹독하게 대한다.
• 내면의 몸부림과 고통을 마주하지 못하고, 자신의 진정한 감정을 이해하지 못하며 자신의 '결정'을 믿지 못한다.

자신의 한계를 받아들이지 않고 나약함이나 무력함을 인정하지 않기 때문에, 자책감으로 자신을 비난한다. 자책감이 생기면 용기를 가지고 책임지는 행동을 하지 않게 되므로 더 나은 모습으로 나아갈 수 없다.

비이성적이고 습관적인 자책감은 자신을 비판의 소용돌이 속으로 몰아넣어 행복에서 멀어진다. 당신은 자신의 인생을 전혀 사랑하지 않고 자신의 존재도 인정하지 않을 것이다. 무의식중에 자신을 강압하고 억압하여 스스로의 인생을 소모하고 만성적으로 자신의 인생을 가벼이 여기게 된다.

당신은 자책감 때문에 다른 사람에게 순종하고 그것이 당신의 인생에 얼마나 큰 손해를 끼치는지 의식하지 못할 것이다. 당신의 심신을 억압할 뿐 아니라 인생의 행복과 아름다움을 느끼지 못하며 인생을 낭비하고 삶의 의미마저 잃어버린다.

누군가의 필요나 요구를 만족시키기 위한 공급 장치가 아니라 스스로 원하는 삶을 살아야 한다.

시간과 에너지를 투자하여 자신에게 온전히 집중하지 않고, 오히려 타인을 인생의 중심에 놓는다면 자신을 살피지 않을 것이며 자신에 대한 이해나 관심 또한 없을 것이다.

바운더리 훈련

자신의 바람이나 감정을 정확히 관찰하고, '자신의 감정'을 회피하거나 스스로를 자책하거나 비판하는 습관을 없애는 연습을 하자. 자책감으로 인해 타인에게 순종하거나 그들에게 잘 보이려고 하는 태도와 방식은 잘못되었다.

자신의 결정에 '책임'지는 법을 배우고 스스로 이렇게 말하라.

"나는 내 선택과 결정을 책임지는 중이다."

'아니요'라고 말할 때도 자아를 긍정하는 태도와 언어를 사용하여 '이것이 나의 선택 혹은 나의 결정'임을 인정하고 받아들이는 연습을 해야 한다.

"나는 참여하지 않을 거야."

"나는 동의하지 않아."

"나는 헤어지기로 했어."

"나는 포기하기로 했어."

타인이 느끼는 감정의 변화를 존중하는 법을 배워야 한다. 타인의 감정 변화를 습관적으로 회피하려 들지 말고, 애써 상대방을 위로하거나 만족시켜야 하는 의무가 있다고 여기지도 않아야 한다. 자신의 잘못으로 인해 상대방의 기분이 나빠졌으니 서둘러 달래주어야 한다고 생각해서는 안 된다.

자신을 받아들이는 법을 배우면 타인을 실망하게 하거나 낙담시킬 수 있다. 타인이 실망과 낙담을 느꼈다면 그들 스스로 이런 감정을 마주하고 대처하는 법을 배워야 한다. 그들이 어떤 어려움과 역경에 맞닥뜨렸든 그들이 직면해야 할 인생 과제이므로 당신이 대신 짊어지거나 감당할 수 없다.

"한 사람의 인생철학은
그가 내리는 선택에서 가장 잘 나타난다.
그러므로 나의 선택은 나의 책임이다."

– 엘리너 루스벨트

다른 사람이 뭐라고 하든
상관없다

사람들은 스스로 결정을 내리거나 어떤 반응을 내비칠 때 다음과 같은 생각을 한다.

그런데, 다른 사람이 뭐라고 말할까…….
그런데, 다른 사람이 어떻게 볼까…….
그런데, 다른 사람이 어떻게 반응할까…….

당신은 스스로 '책임지고' 원하는 것을 선택하고 결정하여 억울함과 원망의 감정이 들지 않도록 할 수는 있겠지만, 타인의 반응과 생각을 '결정하거나 통제할 수는 없다'.

자신의 인생과 생활에 대한 결정을 내릴 때 타인의 반응과 생각이 걱정되거나 두렵다면, 어떻게 진정으로 원하는 것과 진실된 감정을 위한 선택과 결정을 내릴 수 있고, 어떻게 자신의 인생을 책임질 수 있겠는가?

타인에게 선량하고 완벽하고 말 잘 듣는 모습으로 남고 싶어 하는 사람은 자신의 바람과 선택을 존중하지 못한다. 그들은 '타인이 어떻게 느끼는지'를 본인의 감정과 생각보다 더 중요하게 여기기 때문이다.

다른 사람들 또한 자신의 생각에 따라 반응하기 때문에, 당신은 다른 사람이 어떻게 생각하고 느끼고 말하는지를 결정하거나 통제할 수 없다.

다른 사람의 '이해'나 '지지' 그리고 '동조'를 얻고 그들의 '감정적 반응'과 '비평'을 피하고자 자신의 선택과 결정을 바꾸는 것은 틀림없이 자신을 무한의 고통으로 밀어 넣는 일이다. 자신을 자유롭게 펼쳐 보일 수도 없고, 자신의 인생을 진정으로 책임질 수도 없으며, 그저 타인의 평가와 반응에 이리저리 휘둘릴 뿐이다.

'다른 사람들이 어떻게 생각하는지, 그리고 어떻게 말하는지'를 중요한 관점으로 삼으면 우리는 자신의 결정에 책임지지 않아도 된다. 잘못되든 잘되든 그들이 책임져야 한다고 할 수 있다.

그러나 자신이 선택과 결정을 내리지 못하는 것은 타인과 아무런 관련이 없다. 그저 자립하지 못하고 내면의 혼란과 충돌에 제대로 대처하지 못하기 때문이다.

내가 어떻게
생각하는지가 중요

타인이 자신의 기대에 부합하여 행동하기를 바라면 안 된다. 당신은 당신대로 타인은 타인대로 움직여야 한다.

당신이 진정으로 알아야 할 것은 다음과 같다.

내가 어떻게 바라보는가?

내가 어떻게 생각하는가?

내가 어떻게 느끼는가?

내가 어떻게 사고하고 결정하는가?

이것이 당신의 주체성이다.

인본주의 치료의 대가이자 내담자 중심 치료를 제창한 칼 로저스는 완전하고 충실하게 자신의 인생을 살아가는 사람은 매우 풍부하고 충만하며 흥분으로 가득하기에, 더욱 강렬한 방식으로 기쁨과 슬픔, 사랑과 절망, 공포와 용기를 경험한다고 했다.

그는 이렇게 말했다.

"아름다운 삶이란 겁쟁이들에게는 어울리지 않는 것이다. 아름다운 삶은 한 개인이 더 많은 잠재력을 발휘하기 위한 자극, 그리고 성장과 맥을 같이하며, '무언가를 이뤄내는' 용기다. 또한 그것은 한 개인이 자신의 인생에 완전히 몰입하는 것이다."

마치 인생에서 다른 감정적 경험과 가능성은 없는 것처럼 무수한 두려움에 사로잡히는 이유는 무엇일까? 가장 큰 이유는 이전에 겪은 인생의 위협에서 여전히 벗어나지 못하고, 어떻게 자아를 실현하고 잠재력을 펼쳐나가야 할지를 모르기 때문이다.

두려움이 가득하면 기민함과 탄성을 잃어 점점 유연함이 사라진다. 결국 내면의 정신적 기능을 회복하거나 조절하는 역량을 잃어버리고 감수성과 사고력 그리고 행동력을 회복할 수 없다.

이러한 기능이 결여되거나 불균형하게 작동하면 자신의 상태를 심도 있게 고찰하기 어렵고, 자신과 타인의 감정을 헤아리지도 못한다. 그러면 외부의 자극에 반사적인 반응만 보일 것이다. 또한 내면의 두려움에 쉽게 통제되면 자신의 감정이나 사고를 제어할 수 없다.

자신의 주체성이 이토록 불완전하고 산산조각이 나서 널브러진 퍼즐처럼 전체의 모습을 알아볼 수 없다면 어떻게 완전한 자신이 될 수 있겠는가?

내 목소리에
집중하라

많은 사람들이 "저는 누구인가요?"라는 질문을 한다. 자신을 깊이 알고 이해하는 것은 상당히 어려운 일이다. 왜냐하면 타인의 생각과 의견을 받아들이는 데 익숙하기 때문이다.

우리는 자신의 목소리에 귀 기울이는 방법을 배우지 못했다. 게다가 자신감이 부족하고 실수나 잘못을 할지 모른다는 두려움이 더해져, 여러 사람의 이야기를 듣고 다양한 사람들의 관점을 물어보면 완벽한 결정을 내릴 수 있다고 여긴다. 하지만 너무 많은 목소리와 의견을 수집하면 결정하기가 더욱 어렵다.

매우 견고한 자아를 가지고 분석, 탐구해서 객관적으로 자신에게 가장 유리한 방법들을 종합적으로 도출해낼 수 없다면 수많은 자료를 수집하고 자문한다고 해도 이것들을 구분 짓고 취사선택하기 어렵다.

인생의 주도권을 확립하려면 반드시 자신의 주체성과 심리적 경계선을 확립하는 훈련을 하고, 자신이 원하는 것과 원하지 않는 것을 명확히 구별해야 한다.

반드시 자신의 목소리에 귀 기울이고, 진심 어린 결정을 해야 한다. 주체성이 약하면 인생은 시끄러운 소리에 파묻히게 될 것이다.

바운더리 훈련

    일상생활에서 자신에게 집중하고, 자신의 감정과 생각 그리고 행동이 일어난 동기가 무엇인지 인식해야 한다.

    또한 자신의 인생에 책임지는 첫 번째 사람이 되어야 한다. 예를 들어 다른 사람이 관계의 경계선을 넘어섰을 때 다음의 것들을 명확하게 파악해야 한다.

    "내가 어떠한 감정을 느끼고 있지?"

    "내가 무슨 생각을 하고 있지?"

    "내가 무엇을 하려고 하지?"

    "나는 어떤 결과가 나타나기를 원하고 있지?"

    자신을 명확하게 파악해야 자신이 무엇을 원하는지, 다른 사람과 타협할 필요가 있는 부분은 어떤 것인지 더 깊이 고찰하고, 수많은 정보 중에서 자신에게 도움되는 것을 선별할 수 있다.

"매일 착실하게 살아가면 멀지 않은 어느 곳에서
이상적인 모습의 자신이 기다리고 있을 것이다.
진실된 노력과 배움을 아는 당신만이
자신에게 좋은 나날들을 선물할 수 있다."

나와 상관없는 것들에서
멀어지기

인생을 살아가면서 '자신의 일', '당신의 일', '하늘의 일'을 구분 짓는 것 외에, 다음 세 문구가 가진 힘과 지혜를 익혀 혼란스러운 상황과 복잡한 관계를 잘 해결해야 한다.

1. 이것은 자신과 무관한 일이다.
2. 이것은 당신과 무관한 일이다.
3. 이것은 타인과 무관한 일이다.

'자신과 무관한 일'이라는 개념을 익히면 성가시거나 복잡한 상황에 휘말리는 것을 줄일 수 있다.

'당신과 무관한 일'이라는 것을 이해하면 다른 사람의 간섭이나 지시 그리고 통제를 줄일 수 있다.

'타인과 무관한 일'이라는 것을 활용하면 본인과 관계없는 사람이 당신을 평가하거나 간섭하는 것에 신경을 덜 쓸 수 있고, 남들과 같은 수군거림이나 뜬소문을 이야기하지 않아도 된다.

당신의 인생에서 누구를 정말로 중요하게 여길지는 당신의 선택에 달렸다. 누구도 당신에게 강요할 권리가 없으며, 오롯이 당신의 선택만 있을 뿐이다.

무릇 인생이란 스스로 책임져야 하는 법이다. 당신은 당신의 일에 집중하고, 타인 또한 자신의 인생을 결정해야 한다.

좋아하는 것은 취하고 싫어하는 것은 내려놓는 것이 자기 자신의 경계선을 세우는 훈련이다.

당신이 좋아하는 것들로 내면을 가득 채우고 있는가?

당신의 머릿속이 짜증과 싫증으로 가득 차 있는가?

많이 바란다고 해서 행복한 것은 아니다. 몰입하기 힘든 사람은 대부분 취사선택에 어려움을 겪고 있는데, 이것은 본질적으로 경계선을 세우는 역량과 관계가 있다. 자신이 무엇을 원하는지 모르는 사람은 무엇이든 다 가지려 든다.

자신이 진정으로 원하고 갈망하는 것이 무엇인지 알지 못하기 때문에 무언가를 내려놓거나 버리지도 못한다.

하지만 사람을 가장 무력하게 만드는 것은 열심히 노력해서 목표한 것(물질, 활동, 조건 등)을 이루고서도 여전히 기쁨이나 행복을 느끼지 못하는 것이다. 물론 이 과정에서 진정한 만족도 느끼지 못한다.

자신이 무엇에 관심 있는지, 어떠한 것에 흥미 있는지, 또 무엇을 갈망하는지를 아는 사람만이 혼신의 힘을 다해 자신의 모든 역량을 쏟아부어 완전한 몰입을 할 수 있다.

자신조차 잊고 무언가에 완전히 빠져드는 경험은 속세의 번뇌에서 멀어져 정신적 평안에 이르게 한다. 이 세상과 분리되었다고 느끼는 그 짧은 순간에 고요한 상태에 이르러 혼탁하고 편협한 시야를 초월해 삶의 의미를 높이고 정신적인 만족에 도달한다.

사람들은 속세의 한계와 제약에 갇혀 빠른 쾌락을 추구하고 있다. 머리를 쓰거나 몸을 힘들게 하지 않으면서 최대한 신체 감각을 자극하는 방식으로 자신의 생활을 멋지고 아름다운 것으로 거짓 포장한다.

하지만 몸은 하루가 다르게 무거워지고 의지 또한 나날이 약해진다. 휴식을 취해도 항상 피로함을 느끼며 삶이 혼란과 무질서로 점철되어 결국은 버티지 못하는 지경에 이른다.

사람의 일생은 휴대폰 배터리와 같아서 매일같이 전원을 켜고, 끄고, 충전해야 한다. 전원을 끌 줄 모르는 사람은 에너지를 제대로 회복하지 못해 전력이 부족한 상황에서도 전력을 계속 소모한다.

이러한 상태가 매일 반복되면 사용할 수 있는 전력의 양이 갈수록 줄어든다. 전력을 충전하더라도 곧 다시 에너지가 바닥날 위기에 처한다.

'전원 끄기'를 모르는 이들은 하루 종일 에너지를 소모하게 되는데, 이것은 경계선이 명확하지 않아서 생기는 후유증이기도 하다.

어느 시간에 어떠한 일을 해야 하는지 명확히 구분하지 못하고, 자신의 심리를 제대로 관리하거나 통제하지 못하면 "지금 뭘 해야 하는지는 알지만 실행하지 못하겠어"라고 한탄하는 상황이 자주 발생한다. 마치 휴식과 숙면을 취해야 내일 일찍 일어나 일할 수 있다는 것을 알면서도 현재의 자유와 방종을 누리느라 잠들지 못하는 것과 같다.

낮에 억지로 하는 일이 많을수록 밤에 더 많은 보상을 필요로 한다. 낮에 자유가 제한될수록 밤에 자신을 해방시키고 싶은 생각에 사로잡힌다. 그래서 내일을 생각하지 않고 방종을 휴식으로 삼는 순환의 고리에 빠져드는 것이다.

자신을
인정하라

이토록 어지러운 사회에서는 나와 무관한 것들과 과감히 멀어져야 한다. 다른 사람이 추구하는 것들을 맹목적으로 좇아서도 안 된다. 다른 사람의 조건을 기준으로 삼지도 말아야 한다. 그들이 어떻게 오감을 충족하는지를 보면서 쾌락을 얻기 위해 똑같이 따라 해서도 안 된다.

많은 사람들이 하는 것은 무엇이든 올바른 것이라고 착각한다. 사람들 속에 있으면 자신은 외롭지 않다는 허상을 갖게 되고, 그것을 귀속감으로 착각해 같은 방식을 답습한다.

군중 속에 몸을 숨기면 자신의 선택에 책임지기 싫어하며 자기 자신을 살펴보거나 자세히 관찰하지 않는다. 그러다 건강과 존엄, 주체성과 자유를 잃었을 때 타인을 질책한다.

"그들이 나를 이렇게 만든 거야. 나쁜 친구들과 어울렸고, 사람을 잘못 믿은 탓이지."

사회심리학자 에리히 프롬은 이런 말을 남겼다.

"사람들은 광적인 자기중심적 성향과 영원히 채워지지 않을 탐욕에 완전히 잠식되었다. 이에 더해 '성공한 사람'들은 자아와 안전감, 자신감을 상당 부분 잃어버렸다. 그들에게 자아와 타인은 마음대로 통제할 수 있는 대상으로 전락해버린 것이다."

주체적인 삶을 살려면 자신을 회피해서는 안 된다. 자신과 무관한 것들은 끊어내고 자신의 콤플렉스에 집착하지 않는 것 또한 커다란 용기이자 지혜이다.

바운더리 훈련

일상생활에서 긍정적인 '나'의 정보들로 부정적인 정보들을 대체하여 명확한 심리적 경계선을 세워나가야 한다.

'말하기 싫으니까 나한테 말도 걸지 마', '짜증 나, 나도 내가 왜 이러는지 모르겠어'와 같은 표현 대신, '마음을 가라앉히기 위해 혼자만의 시간이 필요해'라고 말한다.

긍정적인 '나'는 내면의 힘을 강화한다. 자신을 피해자로 보거나, 계속해서 혼란스러운 상황으로 외부와 마찰을 회피하거나 자기 내면의 감정을 외면하지 않는 것이다.

자신과 무관한 것들에서 멀어지고, 무의식중에 이러한 것들에 동조하거나 휘말리지 않도록 연습해야 한다. 또한 다른 사람들에게 배척되거나 소외되어 귀속감이나 참여감을 잃어버리는 것이 두려워 억지로 군중들 속으로 들어가 동화될 필요는 없다.

'아직 모르겠어', '아직 확실하지 않아', '더 생각할 시간이 필요해', '혼자 생각 좀 해볼게'와 같은 말들로 자신에게 필요한 공간과 시간을 확보할 수 있다. 이를 통해 진정으로 원하는 결정을 할 수 있고, 그러면 불안에 빠져 급하게 결정하고 후회하는 일이 없다.

"우리가 행복하지 않은 이유는
모든 사람들에게 인정받고 싶기 때문이다.
내가 행복해지려면 다른 사람의 평가를 신경 쓰지 마라."

– 알프레드 아들러

익숙했던 삶의 경계를 뛰어넘어라

당신의 '변화'가 주변 사람들에게 영향을 준다면, 당신을 지지하는 긍정의 목소리뿐 아니라 부정과 반대의 아우성도 들려올 것이다.

하지만 이러한 '변화'들이 왜 필요한지, 왜 이러한 '변화'들을 지속해나가야 하는지도 당신만이 이해할 수 있다. 당신의 '변화'는 누군가의 기대에 부합하기 위함이 아니라 자기 인생을 책임지고 자신이 원하는 모습으로 살기 위해서이다.

이러한 '변화'가 당신을 지탱해주며, 이런저런 말을 하며 개입하고자 하는 타인의 간섭이나 비평들을 거를 수 있다.

진심으로 변화를 원한다면 내재적 동기가 생겨서 비록 힘들어도 쉽게 포기하지 않는 방향으로 계속 나아갈 것이다. 이미 알고 있거나 익숙한 것들과 멀어지는 것에 두려움을 느끼면 변화를 긍정적으로 바라보지 못하고 외부의 부정과 비평의 목소리에 내면이 흔들리고 불확실성에 빠진다.

당신이 자초한 손실과 예기치 못한 결과에 용감하게 책임질 수 있어야, 익숙했던 삶의 경계를 뚫고 한 걸음 나아가 자신의 새로운 모습을 경험할 수 있다.

모든 변화와 발전에는 끈기가 필요하다. 몇십 년간이나 자신의 인생을 직면하지 않고 질책하는 생활방식(자신이 아니면 타인을 향한 질책)을 지속해왔다. 지금 이 순간부터 스스로 인정하며 마음의 목소리에 귀 기울여 더 이상 외부의 긍정과 지지에 의존하지 않아야 한다.

내가 나를
부정하지만 않으면 된다

세상에는 여러 가지 목소리가 존재하므로 지지와 부정의 목소리는 언제든 들려올 수 있다. 누군가는 칭찬과 환호를 하겠지만, 누군가는 비난과 야유를 하게 마련이다.

중요한 것은 스스로 어떤 태도를 가지고 있는가이다. 그것은 응원인가, 믿음인가? 아니면 부정인가, 의심인가?

당신은 자신을 긍정할 줄 알아야 한다. 자신의 선택과 결정, 감정과 관점 그리고 자신이 원하는 목표 등 모든 것들을 인정해야 한다.

다른 사람들에게 자기 내면의 생각과 감정을 표현할 수 있어야 한다. 반대로 다른 사람의 인정을 강요하거나, 다른 사람들의 관점이나 생각을 부정해서는 안 된다.

진정으로 '자신을 긍정'할 줄 아는 사람은 자신의 생각과 논점, 느낌과 감정, 행동과 의도를 책임질 수 있기에 외부와 소통하며 명확하게 표현할 수 있다.

'귀찮아 죽겠어', '기분 완전 엉망이야'와 같은 말을 내뱉고는 아무런 부연 설명도 하지 않는 경우가 있다. 어떠한 일을 겪었는지 전후 사정을 설명하지 않을뿐더러, 자신의 감정도 제대로 전달하지 못한다.

그 어떤 것도 스스로 설명하지 못하고 자신의 표현에 책임지지 않으면서, 다른 사람들이 모두 독심술이라도 가진 것처럼 세부적인 내용까지 알아차리기를 바라며 자신의 편안함만 추구하는 것이다.

세월이 지날수록 이러한 사람들은 진정으로 자신을 '긍정'할 수 없게 된다. 이들은 확신이 없기에, 습관적으로 '그럴 거야', '맞는 거 같은데?', '나도 확실하지 않아'와 같은 말을 내뱉는다. 그러면 더욱 외부의 의견과 동조가 필요하고, 자신의 의견과 생각을 표현하는 데 어려움을 겪는다.

정신적 성장은 인간만이 가진 특별한 기능이다. 동물도 지능이 있고 훈련을 통해 학습할 수 있지만 성장에는 한계가 있다. 동물들이 뭔가를 창조하거나 의미 부여를 하는 것은 불가능하다.

이것은 사람만이 가진 독특한 능력이다. 사람은 내면을 깊이 탐구하고 끊임없는 학습으로 의식을 확장하여 유일무이한 자아로 성장할 수 있다. '나'는 자신의 역량이나 능력을 펼쳐 보일 수 있을 뿐 아니라, 외부의 세계에 공헌하여 더 나은 공동체를 만들 수도 있다.

따라서 우리는 과거의 경험에 제약받지 않고, 유년 시절의 프레임에 갇히지 않으며, 자신에 대한 탐구와 이해를 통해 자신의 이성과 감정을 잘 다루어야 한다.

자신의 언행과 인간관계의 모델을 깊이 분석하여, 그 속에서 자신이 어떤 방식으로 과거의 경험에 의해 구속되고 제약받고 있는지 구별해야 한다. 그렇지 않으면 오랜 기간 손과 발에 채워진 쇠사슬이 익숙해진 나머지 구속에서 풀려나도 자유가 어떤 것인지 전혀 느끼지 못한다.

과거의 프레임에서
벗어나라

우리는 자신도 모르게 매일 무의식적으로 어떠한 동작이나 습관, 감정적 경험을 반복한다. 자신에 대한 높은 인식이 없다면, 자신의 관점과 감정에 대해 생각하고 돌이켜볼 기회가 없다.

자신에 대한 인식이 부족하면 사고와 감정의 변화를 꾀할 수 없어 여전히 사고의 틀에 박혀 주변의 환경 그리고 타인과 자신에 대해 민감하게 파악하지 못한다. 그리고 이후의 인생은 둔하고 굼 뜬 상태로 보낸다.

환경, 타인 심지어 자신에 대해 인식하지 못하면 어떠한 발전이나 변화도 없이 하루를 살든 1년을 살든 수십 년을 살든 매한가지다.

사람은 성장하는 존재이다. 하지만 과거 어린 시절에는 성장의 의미를 모르고 자유가 제한되어 있었기 때문에 빨리 어른이 되기만을 바랐다. 그 당시에는 자유를 꿈꾸며 먼 곳을 바라보느라 현재 많은 것을 경험하고 성장해야 한다는 것을 알지 못했다.

그러다 어느 날 우리가 당시에 원했던 그 먼 곳에 도착한다 해도, 마음속에 구속과 부담은 여전히 존재하며 그것을 내려놓을 수 없기에 결국 자유가 없기는 마찬가지다. 자유나 해방은 먼 곳에 있는 것이 아니라, 바로 현재의 모든 경험 속에 있다.

자신이 경험한 것들에 집중할 수 있으면, 현재의 깨달음을 성장의 양분으로 삼을 수 있다. 그렇게 되면 진실된 자기 모습과 역량을 느끼고 과거와 작별하여 새로운 미래를 맞이할 수 있다.

책임감을 배우는 것이 진정한 자유의 시작이다. 책임감을 알아야 자유를 누릴 수 있다. 인생의 무게와 그 책임을 다할 줄 아는 사람만이 진정한 자유인으로 거듭날 수 있다.

바운더리 훈련

'나'의 상태를 확인하라. 자신의 감정, 관점, 동기, 가치관 등 모든 것을 파악하고 그 기준을 세울 줄 알아야 한다.

좋아하지 않는 것, 원치 않는 것, 동의하지 않는 것부터 원하는 것, 좋아하는 것, 동의하는 것까지 의식적으로 구분해야 한다.

자신 있게 '나'의 정보들을 말할 줄 알아야 한다. 다른 사람과 다르거나 다른 사람들이 별다른 반응을 보이지 않더라도 이를 방치하거나 함구하지 않아야 한다.

자신 있게 본인의 생각과 관점 그리고 감정과 느낀 점을 말하는 것은 스스로 어떻게 살아가고 있고 또 어떻게 존재하는지를 보여주는 것과 같다. 오직 자신만이 자신을 면밀히 관찰하고 파악할 수 있다. 타인이 우리를 규정할 수는 없다.

누군가 당신을 규정하려 한다면, 당신은 자신의 관점과 생각을 명확하게 말해야 한다. 이때 불안함을 내비치며 설득이나 해명을 하려 든다면 오히려 역효과를 불러일으킬 수 있다.

타인들이 당신을 어떻게 이해했는지 혹은 그들이 어떠한 감정을 느끼는지는 당신이 책임져야 할 범위가 아니므로 통제하려 들어서는 안 된다.

"신이시여!
내가 변화시킬 수 없는 것들을 받아들이는 평온함을 주시고,
변화시킬 수 있는 것들을 변화시킬 수 있는 용기를 주시며,
이 2가지를 구별할 줄 아는 지혜를 주소서."

– 〈평온을 비는 기도〉(라인홀트 리버)

성장은 관계의 변화에서
시작된다

　인간은 스스로 성장할 수밖에 없다. 당신이 자아를 실현하고 진정한 자신이 되는 데 신경 쓰지 않는다면, 누가 당신에게 관심을 가질 것인가?

　자신을 소중히 대하고 아끼는 것을 대수롭지 않게 여긴다면, 누가 당신을 소중히 대하겠는가. 마찬가지로 그 누구도 당신의 성장을 책임질 의무는 없으며, 자신의 에너지와 시간 그리고 역량을 쏟아부어 당신이 충만한 삶을 살아가도록 만들 의무도 없다.

　자기 인생의 모든 경험을 하는 것은 오직 자신이며, 기쁨과 슬픔을 느끼는 것도 자신이다. 그렇다면 자신의 고통과 상처, 자신이 어떠한 박탈을 당하고 손해를 입었는지는 물론, 이것이 내면에 어떻게 작용했는지 또한 누구보다 자신이 잘 안다. 그리고 자신의 상처와 고통을 잘 이해하여 스스로 치료하고 회복해야 한다.

당신은 마땅히 그래야 한다.

당신이 육체적으로나 정신적으로 충격을 받고 건강을 잃어버렸을 때 가장 관심을 가질 사람은 바로 자기 자신이다.

요구와 관심을
구분하라

"나를 사랑하는 사람들이 실망하지 않으면 좋겠어."

"선생님이 실망하지 않았으면 해."

"부모님께 걱정 끼쳐드리지 않으려고."

우리는 누군가를 실망시키지 않기 위해서 사는 것이 아니다. 이런 경우 누군가 포기하지 않고 지속적인 응원을 보내야만 비로소 자신을 위해 무언가를 한다고 말할 수 있다.

자신이 감당해야 하는 선택과 결정을 타인에게 전가하며, 스스로 제대로 해내지 못했을 때 이렇게 말하곤 한다.

"실망시켜드려서 죄송해요. 제가 부족했어요."

"기대를 충족시켜드리지 못했어요. 제가 무능한 거죠."

"좀처럼 나아지지 않네요. 기대에 부응하지 못했어요."

자신과 타인의 과제 분리가 제대로 이뤄지지 않고 인간관계의 경계선에 대한 이해도가 높지 않을 경우에 나타나는 현상이다.

우리 사회는 오랫동안 자신의 인생을 살아가면서 자신의 선택과 결정에 책임지는 분위기를 조성하지 못했다. 개인이 자신의 삶에 대해 제대로 사고하거나 직면하지 못했고, 신중하게 결정을 내리거나 책임을 지지도 않았다. 그러다 보니 오히려 타인이 '한번 지켜보겠어', '잘해야 해', '날 실망시키면 안 돼'와 같은 요구만 늘어놓게 된 것이다.

표면적으로는 외부의 요구가 관심처럼 보일지 몰라도 사실 그것은 통제이자 위협이다. 강압적인 방식으로 당사자의 자주적 선택과 권리를 빼앗는 것이다.

문득 이러한 생각이 머릿속에 떠오른 것은 아닌지 확인해보자.

'설마 저 사람이 계속 망가지는 걸 보고만 있으라는 거예요?'

'저 사람은 스스로 올바른 사고를 하고 결정을 내릴 능력이 없다고요.'

이러한 평가를 하는 이유는 일찍부터 주류의 가치가 정해온 '어떠한 삶을 살아야 하는가'에 대한 독단적인 가치관을 가지고 있기 때문이다. 당신은 타인의 자주권과 역량을 상당 부분 부정하고 심지어 상대를 바로잡으려 한다. 이런 생각을 하는 당신 또한 본질적으로는 아무런 주체성이 없는 사람이다.

주체성이 없는 사람은 다른 사람에게 주체성을 가져다줄 수 없을뿐더러 왜 모든 개인의 주체성을 존중해야 하는지도 이해하지 못한다.

이런 부류는 자신이 주류 사회에서 성공한 모습을 갖추기만 하면 아무런 거리낌 없이 다른 사람들을 훈시하고 타인의 인생에 갖가지 의견을 제시하려 든다. 그 과정에서 타인의 감정을 살피려고 하지 않는다.

이러한 사람이 상대에게 관심을 가지는 것은 주체성을 무시하고 박탈하는 행위에 불과하기에, 다음과 같은 표현을 서슴지 않는다.

'우리를 실망시켜서는 안 돼! 조금만 더 힘써보자.'

'우리의 기대를 저버리지 마. 나아지는 모습을 보여줘.'

'다른 사람들이 너를 무시하지 못하게 제대로 보여줘.'

사람들은 이것이 상대를 통제하는 말이라는 것을 모른다. 우리는 태어나서부터 간섭과 개입이 난무하는 상황에 익숙해져 있다. 여기에 더해 가엾은 이들을 도와준다는 명목으로, 나중에 도태되어 후회하지 않으려면 성공 열차에 얼른 올라타라고 조언하니 본질을 꿰뚫어 보기 힘든 것이다.

익숙함의 굴레에서
벗어나라

우리는 불안과 초조한 감정에서 벗어날 수 있는가?

우리는 자신의 마음속에 어떠한 일이 일어나는지 그리고 개인이 어떠한 어려움에 직면했는지 잘 알지 못한다. 그래서 듣기에 그럴 싸한 '다 너를 위해서야'라는 걱정들에 쉽사리 노출되곤 하는데, 사실 이런 말들이 더욱 힘들게 한다.

모호하고 복잡한 감정들은 기체 에너지처럼 우리의 내면을 이리 저리 헤집고 다니며 심신을 고통스럽게 만든다.

자신의 인생을 직면하고 스스로 원하는 목표를 향해 나아가며 진정으로 흥미를 느끼는 일에 몰두하면서 자아실현을 이루어야 한다.

목표를 향해 나아가는 길에 의지가 꺾이거나 갑갑한 마음이 들 수도 있다.

'내 인생은 아무 문제 없어! 나는 '원래' 이렇단 말이야! 그런데 왜 무언가를 배우고 또 성장해야 하는 거지?'

이러한 의문이 든다면 잠시 멈추고 '원래'의 시작이 언제부터였 는지 잘 생각해보자. '원래' 그렇다는 것은 변화를 주지 않으려는 변명거리인지 모른다.

하지만 다른 사람들에게는 '원래'라는 개념을 대입하지 않는다. 다른 사람은 원래 저런 모습이니 변화할 필요 없고, 타인의 평가와 간섭을 받을 필요도 없다고 생각하지 않는다. '나는 너를 평가하고 간섭해도 되지만, 너는 나한테 그러면 안 돼'라는 식이다.

성장은 개인의 일이므로 타인과 하등의 관계가 없다. 성장을 원치 않는 사람은 자연히 자신을 직면하기를 원치 않으며 자신의 기존 관점을 강화하는 확증편향을 보인다. 특히 이미 굳어진 가치관에 따라 자신을 설명하고 자신의 행위를 합리화한다.

진실된 마음으로 자신을 되돌아보고 이해할 줄 알며 잠재의식에서 비롯된 작용을 파악할 수 있어야 비로소 과거 프레임의 제약을 받는 언행과 관념에서 벗어나 새로운 선택을 할 수 있다.

바운더리 훈련

우리는 아이들이 주류의 가치에 부합하는 기준과 기대를 충족하도록 가르친다. 아이들이 사회에서 도태되거나 제대로 커리어를 쌓아나가지 못할 것을 염려하기 때문이다.

그렇게 되면 개인들이 주류의 가치(학력, 물질적 조건, 직급, 금전)로 자신을 평가하는 것 외에는 자신의 존재 가치를 긍정할 수 있는 다른 방법을 찾지 못한다.

지금부터 자기 인생의 특별한 가치를 인정하는 연습을 해야 한다.

먼저 자신이 지닌 성품과 능력을 긍정하고 특별함을 인정한다. 예를 들어 일련의 사건과 경험 속에서 자신의 특성과 능력을 발견하고 긍정적으로 평가하는 것이다.

'나는 매우 신중한 사람이야.'
'나는 다른 사람이 필요로 하는 것들을 잘 이해해.'
'나는 용기 있게 모험을 즐겨.'

'자신'의 가치를 인정할 줄 알아야 전통 혹은 주류의 가치에 따라 사람의 '개성'을 무시하는 사람들과는 다른 특별한 자아를 만들 수 있다.

"우리는 과거를 부정하지 않아도 되지만
우리의 결정이 과거의 영향을 받을 필요도 없다."

원래의 나로 돌아가서
다시 시작하라

자신 외에 진정으로 위로해줄 사람은 없다. 자신에게 어떠한 위로가 필요한지 모른다면, 그 어떠한 위로도 바람에 흩어지는 연기가 될 것이다.

자신에게 어떠한 위로가 필요한지 알고 있다면 자아와 하나로 연결될 수 있다. 내면의 깊은 감정을 들여다보고 자신을 위로해줄 수 있다. 자신을 긍정하고 이해하며 안전감을 느끼는 방식으로 말이다.

당신이 스스로 어떠한 감정을 느끼고 있는지 이해하거나 구별하지 못한다면 위로는 제 기능을 발휘하기 힘들다. 그저 당신의 관계 속에서 해명, 죄책감, 질책을 유발하여 더 많은 방어기제만 작동시키기에 진정한 내면의 평온을 얻을 수 없다.

감정을 보살피는 것은 평온한 상태에서 자신의 감정을 느끼며 자신의 관점과 생각을 명확히 하는 것이다.

소위 '심리 회복'과 '심리 치유'라는 것은 당신의 내면(대뇌)이 사고 능력과 감정 역량을 회복하는 과정이며, 당신이 자주적이고 자유로운 상태로 돌아가는 것이다. 따라서 다른 사람이 개입하지 않고 오로지 당신 스스로 해야 한다.

스스로 내면을 회복하려면, 자신과 함께 고독하지만 매우 의미 있는 훈련의 과정을 거쳐야 한다. 다른 사람에게 의존하거나 기대는 것은 물론 그들을 구명 튜브로 삼아서는 안 되며, 자기 힘으로 편안한 환경에서 빠져나와야 한다.

누군가의 도움과 지도를 받거나 위로를 기대하는 것은 자신을 회피하는 것이며, 자신의 내면을 인정하거나 직면하기를 꺼리는 행위다. 이렇게 되면 외부의 거친 환경을 견뎌내는 면역력과 저항력을 기를 수 없으며 내면을 회복하는 것과 거리가 멀어진다.

나 자신과 재회하기

심리 치유와 자아 회복은 신체의 질병을 치료하는 것과 비슷하다. 건강 관련 지식을 이해하거나 어떻게 건강을 유지하는지 이론적으로 아는 것만으로는 건강해지지 않는다. 반드시 실행해야 한다.

심리적 성장이나 심리 치유 방법을 안다 하더라도 실행하지 못하고 꾸준히 훈련하지 않으면, 진정으로 심리적 기능을 치유하거나 감정 및 사고 능력을 회복할 수 없다.

치유는 '원래의 나로 돌아가기'다. 최초의 상태로 돌아가 당신의 모든 기능(분열, 독립, 성장, 자아실현)을 하나씩 계발하는 것이다. 이를 통해 당신의 삶은 더욱 풍부하고 자유로워지고, 외부의 규범과 타인의 침범을 걱정하지 않게 된다.

스스로 관찰과 평가 그리고 분석과 결정을 할 수 있다면 자기중심적인 관점에서 자신의 감정을 돌볼 수 있다. 그러면 타인을 우선순위에 두어 자신의 감정을 배척하지 않게 된다.

당신은 자신의 삶을 더욱 행복하고 활기차게 만들 능력이 있으며, 또한 다른 사람에게도 행복과 에너지를 불어넣을 수 있다.

이것이 진정한 치유이다.

상처를 도려내기만 하고 스스로 무지몽매한 상태로 살아가는 것이 치유가 아니다.

치유는 당신이 겪고 경험한 것들을 모두 인정하고 받아들인 후, 인생에서 마주하는 그 어떤 일도 가볍게 판단할 수 없다는 것을 조금씩 깨우치는 과정이다.

이러한 방법을 거치지 않으면 당신은 여전히 자신을 놓치고 영혼을 잃어버리며 스스로 파괴하여 결국 '자신'이 무엇인지도 알지 못하는 상태가 된다.

치유는 자신과의 재회이다. 단절, 오해, 비난, 원망 이후에 자신과 손을 마주 잡고 이야기하여 가장 사랑스러운 자신을 끌어안아 주어 더 이상 분열되거나 상처를 주지 않는 것이다.

당신은 스스로 성심성의껏, 그리고 건강하게 자신의 인생을 살아갈 권리가 있다는 것을 알아야 한다.

바운더리 훈련

　평소에 스스로를 위로하고 감정을 조절하는 연습을 하여, 항상 인내와 억압이라는 방식으로 자신을 구속하지 않도록 하며, 트라우마에 갇혀 활력을 잃지 않아야 한다.

　위로와 조절은 감정을 느끼고 받아들이는 것에서부터 시작한다. 실망, 좌절, 분노, 슬픔, 공포, 혐오 등의 모든 감정을 느낄 수 있어야 한다.

　자유롭게 감정을 느낄 수 있고 이에 대한 비판과 억압이 없어야 감정을 자유롭게 표현할 수 있다. 인내와 억압에 익숙한 사람은 감정이 고인 물처럼 내면의 한 곳에 계속 쌓이게 된다. 이로 인한 스트레스는 심신을 무겁게 하거나 신체의 고통을 끊임없이 유발한다.

　다음의 4가지 위로 및 감정 조절 방법으로 자신을 돌볼 수 있다면 스트레스를 덜 수 있을 것이다.

1. 배려와 사랑으로 자신의 감정을 잘 이해하여, 스스로를 억압하거나 비판하지 않고 감정을 자극하지 않기(과장하지 않기).
2. 감정의 종류와 형태를 파악한다. '나는 ~한 것을 느껴', '나도 ~한 느낌이 있어'와 같은 방식으로 감정에 이름을 붙인다. 감정

을 파악하고 이름을 붙인 후 감정이 응집되어 있거나 반응하는 부위(위나 가슴 부분)를 손으로 만지면서 규칙적인 호흡을 유지하거나 큰 숨을 들이쉬며 감정으로 야기된 스트레스를 조절한다.

3. 감정들이 어떠한 필요나 갈망에 의한 것인지 관찰한다. 예를 들어 분노는 존중에 대한 갈망에서 비롯될 수 있고, 사랑과 믿음을 느끼지 못해 실망할 수도 있으며, 안전감을 느끼지 못해 공포가 엄습한 것일 수도 있다.

4. 필요나 갈망에 의한 감정들에 스스로 반응한다. 예를 들어 우리는 자신의 분노에 이렇게 반응할 수 있다.

"네가 불쾌감을 느끼고 존중받지 못해서 화났다는 것을 알아. 또 네가 존중받기를 원하고 다른 사람에게 인정받기를 갈망하고 있다는 것도 알아. 기대했던 존중을 받지 못해서 실망하고 분노를 느꼈을 거야. 하지만 이러한 것들이 네가 존중받을 가치가 없는 사람이라는 걸 의미하지는 않아. 네가 화난 이유는 네가 존중받을 가치가 있는 사람이기 때문이야."

이제 '감정(情)', '느낌(感)', '닿음(觸)', '만짐(摸)' 네 단어로 정의해 보자. 이 네 단어를 자신의 내면을 위로하고 조절하는 문구로 삼아 연습해도 좋다.

감정(情) 자신의 감정을 느끼고 공감하며 관심을 가진다.

느낌(感) 감정으로 인해 나타난 신체의 변화를 느끼고 천천히 받아들인다.

닿음(觸) 복잡한 감정을 확인하여, 감정 유발 요인을 구별한다. 감정에서 비롯된 요구와 갈망도 여기에 포함된다.

만짐(摸) 비언어적(눈빛, 손짓) 그리고 언어적(구어) 표현으로 긍정적인 피드백을 준다.

　일상에서 연습을 통해 자신의 감정을 스스로 보호하고, 감정 조절력과 민감도를 자유롭게 조절할 수 있다. 또한 내면에서부터 심리 건강을 유지하는 자가 치유력과 회복력을 기를 수 있다.

"감정의 감옥에서 벗어나는 길은 단순하다.
생각이 감정을 만든다는 사실을 명심하는 것이다.
불쾌한 감정은 단지 뭔가를 부정적으로 생각하기 때문이다."
– 데이비드 D. 번스(정신의학자)

타인이 나를 부정할 때를
기회로 삼아라

인생의 여정에서 어둠은 늘 존재하기 마련이다. 하지만 어둠이 존재하지 않는다면 어떻게 반짝이는 별들이 빛을 발할 수 있겠는가?

성숙과 변화는 빛나는 별들처럼 인생의 어둠 속에서 그 가치를 보여준다. 인생에서 겪었던 암울한 경험들은 우리의 인생을 빛나게 해줄 뿐 아니라 더욱 찬란하게 만들어준다.

우리는 자신의 한계와 과거의 무능력을 받아들여야 한다.

진실된 자신을 받아들이는 것부터 시작해서, 진정한 '자신'이 되고, 모든 경험을 받아들이는 법을 배워, 자신의 인생을 사랑과 용기 그리고 지혜로 점철된 이야기로 다시 써 내려가야 한다.

인생의 여정에서 우리 모두는 자신만의 어둠과 빛을 가지고 있다. 성장과 성숙의 과정에서 당신은 어둠이 자신을 성찰하고 내면을 들여다보게 해주는 길이라는 것을 알아야 한다.

사람이 존재하지 않는 것처럼 보이는 터널이든 하늘에 별만 가득한 광활한 사막이든, 오직 자신에게 집중하여 자신과 더 깊이 대면하고 어떻게 자신과 더 잘 지낼 수 있는지를 깨닫게 해주는 기회이다.

이때 당신은 자신과의 관계가 얼마나 낯설고, 엉망이었으며, 적대심이 뿌리 깊게 박혀 있었는지를 깨닫게 될 것이다.

어둠 속에서 자신의 빛이 되고 소멸하지 않는 에너지를 가질 수 있다면, 진정으로 자신을 사랑하고 끌어안게 되어 자신과 더 가까워지는 순간을 맞이하게 될 것이다.

이 순간을 맞이하기 전에 당신은 한 줄기의 빛도 보이지 않는 커다란 어둠을 경험할 수도 있다. 이러한 어둠이 오래도록 지속되면, 아마도 고독과 공허함에 안절부절못하거나 극도의 공포와 압박감을 느낄 것이다.

카를 구스타프 융은 《카를 융 레드 북》에서 다음과 같은 글을 남겼다.

"당신이 어둠을 이해하면 어둠이 당신을 붙잡을 것이다. 어둠이 당신에게 이르면 어둠은 깊은 밤의 푸른 그림자와 반짝이는 무수한 별들처럼 느껴질 것이다. 당신이 어둠을 이해하기 시작하면 침묵과 평화가 당신에게 이를 것이다. 어둠을 이해하지 못하는 자만이 깊은 밤을 두려워할 것이다. 당신은 내면의 어둠, 깊은 밤, 신비를 이해함으로써 더욱 단순해질 수 있다."

당신의 어둠을 '이해'하라.

당신은 깨달음의 기회를 얻을 수 있다. 어둠이 그저 단순한 어둠이 아니라, 당신이 느끼지 못하는 수많은 감정과 당신이 알지 못했던 자신을 내포할 수도 있다. 신이 우리에게 빛을 주었으나 어둠을 없애지 않은 것은, 신이 어둠을 허락했으나 빛이 다시 들 수 있게 하신 것과 같다.

내 안의 두려움을 외면하지 마라

우리의 내면에 존재하는 어둠은 왜 이처럼 끝도 없고 짙게 펼쳐진 것 같을까? 그것은 자기 내면에 있는 소우주의 관리자가 되지 못했기 때문이다.

우리가 질서를 세우지 않으면 모든 흐름에 이치가 서지 못하므로 오히려 혼란이 가득한 상태가 된다. 자기 내면에 있는 소우주가 자원과 에너지를 효율적으로 운영하지 못한다면 내면의 어둠은 끝없이 확산될 것이다.

우리는 인생의 수많은 순간 어둠에 매몰되어 빛을 보기를 거부하고 있다. 이는 자신을 추방하는 것이다. 자신이 빛을 받으며 살아가고 있다고 생각하지 않고, 스스로 무시와 멸시를 받는다고 잘못 생각하고 있다.

어둠을 응시해야 비로소 어둠이 자신을 명확하게 볼 수 있게 해준다는 것을 깨달아야 한다. 이제는 단순히 환한 빛 아래서 밝게 빛나는 나, 남들이 부러워하는 나, 세상에 부합하는 나 또는 허황되고 허세를 부리는 나의 모습에 갇히지 않게 된다.

어둠 속에서 사람들의 미움을 받고 배척당하는 당신, 두려움과 불안감을 지닌 채 떨고 있는 당신, 심지어 자책감과 죄책감 그리고 부끄러움을 느끼는 당신의 모습까지 떠오를 것이다. 하지만 이러한 자신의 모습을 응시하지 않고 애써 외면한다면 자신을 이해하지 못하게 된다.

어둠은 마치 이 세상의 깊은 밤과 같아서 우리를 차분히 가라앉히며 낮의 치열함에서 멀어지게 하고, 타인과 세상으로부터도 멀어지게 한다.

홀로 자신의 세계로 들어가 자신과 결합하면 하루 동안 많은 일을 겪은 자신을 위로하고 이 깊은 밤이 자신을 따뜻하게 치유해줄 것이다.

어둠은 당신의 상처를 치료해주고 여기저기 흩어져 있던 당신의 영혼을 하나로 모아준다. 또한 가장 진실되며 참된 태도로 충성심이 가득한 집사처럼, 거대한 공간을 지탱해주고 가장 방해받지 않는 시간을 골라 치료가 필요한 주인을 보살펴준다. 당신이 회복 과정에서 겪는 각종 고난과 변화를 조용하고 차분하게 경험할 수 있다.

자신을 진정으로 이해하고 수용하면 어둠의 존재도 이해할 수 있다. 이 세상에 낮만 존재할 수 없는 것처럼, 인생에는 빛만 존재할 수 없다. 낮과 밤 둘 중 하나만 존재한다면 사람은 무너질 것이다.

우주 만물의 흐름에는 질서가 있고 그 질서는 경계선에서 출발한다. 경계선이 없는 세상은 형태도 존재하지 않는 혼돈뿐이라는 것을 이해한다면, 자연히 우리 내면의 우주 또한 마땅히 그러하다는 것을 알 수 있다.

빛이든 어둠이든 경계선이 존재하지 않는다면 질서는 파괴되어 우리의 내면을 황무지로 만들 것이다. 모든 피조물과 이 세상에 존재하는 것들은 각자의 존재 의미를 지니고 있다.

사람이 그 의미를 이해하지 못할 수는 있어도 의미가 없을 수는 없다.

내면의 어둠이 아무런 의미가 없거나 깊은 밤이 필요 없다고 느껴진다면, 아마 일찍이 어둠과 깊은 밤을 진정으로 이해해본 적이 없는 것이다.

당신의 어둠으로 깊이 들어가라. 그래야 비로소 자신의 완전한 영혼을 발견할 수 있다. 당신을 따라오지 못했거나 당신에게 버려진, 오래된 영혼의 파편들까지 포함해서 말이다.

자신의 영혼을 찾고 스스로 영혼과 하나가 된다면, 완전한 자아 그리고 하나의 자아는 쉽사리 외부의 공격으로 산산조각이 나지 않을 것이다.

당신은 견고하고 힘 있는 내면의 자아를 가질 수 있으며, 갖은 풍파를 겪더라도 더 이상 자신과 분리되거나 분열되지 않는다.

바운더리 훈련

내면의 어둠을 인생을 비추는 빛으로 바꿔라.

많은 사람들이 인생의 어둠을 두려워한다. 어둠 속에 있으면 외부의 가치가 기준이 되어 실패, 무능, 불행, 불운, 무력함, 쇠락 등의 부정적인 꼬리표가 달리기 때문이다.

이미 역경의 길을 걸어가고 있기에 많은 에너지를 소모해야 비로소 자신이 겪고 있는 풍파와 변화를 견뎌낼 수 있지만, 그 속에서 자신에 대한 지지나 도움을 찾아보기 힘들며, 오직 수많은 비평과 혐오 그리고 적대심만 남는다.

거센 비판과 비난 등은 자신에 대한 감정이나 사랑을 느끼지 못하는 사람들에게 자주 나타나는 반응이자 행동이다.

어둠을 빛으로 바꾸는 과정에서 먼저 자신의 고통을 인정하고 받아들일 줄 알아야 한다. 자신의 고통을 무시한다면, 자신에 대해 어떠한 감정도 느끼지 못하고 일말의 인자함이나 관용도 품을 수 없다.

온 힘을 다해 자아를 회복하는 길에서, 그리고 역경 속에서 자신을 성찰하고 반성해야 한다. 하지만 자신을 부정하거나 비방해서는 안 된다. 진실된 세상을 객관적으로 인식하고 자신의 한계와 단점들을 파악해야 한다.

좌절과 역경 속에서 깨달음을 얻는 도중에 가장 신뢰하고 자신에게 가장 안전감을 가져다줄 친구의 자세로 자신과 깊은 대화를 시도해야 한다. 이 과정에서 자신에게 다음과 같은 질문을 던져보자.

나는 어떤 것을 깨우쳤는가?

나는 무엇을 관찰하거나 발견했는가?

나는 자신의 어떠한 면모와 인성을 알게 되었는가?

과거의 어떠한 방법과 행동이 인생에 대한 몰지각이나 인지 편향으로 발전했는가?

나는 그간의 경험을 통해 어떠한 것을 배웠는가?

나는 어떠한 깨달음을 얻었는가?

있는 그대로 자신을 관찰하면, 인생의 빛이 조금씩 당신을 비출 것이다.

"신이 우리에게 빛을 주었으나
어둠을 없애지 않은 것은,
신이 어둠을 허락했으나
빛이 다시 들 수 있게 하신 것과 같다."

내가 느끼는 대로
느껴라

당신이 슬픔을 느낄 때 슬퍼할 줄 알아야 한다.

당신이 분노를 느낄 때 분노할 줄 알아야 한다.

당신이 무언가에 신경 쓸 때 고민할 줄 알아야 한다.

당신이 비통함을 느낄 때 그 감정을 느낄 줄 알아야 한다.

자신을 속이거나 자신의 감정을 애써 지우려 해서는 안 된다.

당신의 감정과 느낌 그리고 생각은 온전히 당신의 것이다. 또한 당신만이 다른 사람이 아닌 바로 자기 자신임을 확인할 수 있다.

당신이 자신을 인정할 수 있어야 타인도 다른 사람임을 인정할 수 있다.

이런 인식이 바로서야 다른 사람의 그림자가 되지 않으며, 또한 다른 사람을 부속품으로 여기지 않는다.

감정이 자신의 것이라는 것을 명확히 알고 그러한 감정을 잘 돌보고 조절하며 책임질 수 있을 때, 비로소 타인을 통제하려 들거나 외부의 반응을 갈구하지 않을 수 있다.

당신은 스스로를 세밀하게 관찰하며 인내심을 가지고 자신을 위로해주어야 한다. 또한 내면을 들여다보며 감정을 잘 정리할 줄 알아야 한다.

많은 사람들이 이중적인 사람이라는 평가를 듣는 것을 두려워한다. 자신이 이중적이지 않다면 생각하는 대로 말하고 느끼는 감정을 그대로 드러내야 한다.

사람들은 다양한 모습을 가지고 있는 것에 두려움과 불안함을 느끼며, 단 한 가지의 모습만 가지고 있어야 올바르다고 생각한다.

하지만 이것은 '성숙하지 않은' 유아적인 심리다. 사회적인 상황을 전혀 고려하지 않고 현재의 '타자'와 '나' 사이에 어떠한 일이 일어나고 있는지 생각하거나 살펴보지 않는 것이다.

타인과 자신에 대한
이중 잣대

아이는 현실적인 상황과 객관적인 결과를 고려하지 않고, 욕망과 감정만 표출한다. 아이는 갈망하는 것을 얻지 못했을 때 받는 상처와 실망을 소화하는 법을 아직 모른다.

하지만 성인들은 외부에서 어떤 일이 발생하였는지 그리고 내면에서 어떠한 감정과 생각들이 떠올랐는지를 알아야 한다. 이러한 감정과 생각이 어떻게 나타나게 되었는지, 그리고 무엇이 나의 감정과 생각에 영향을 끼쳤는지를 명확히 파악할 필요가 있다.

'명확하게 관찰'하고 자신의 감정을 잘 돌보며 위로할 수 있으면 자신이 진정으로 원하는 '결정'이 무엇인지, 그리고 외부에 어떻게 '반응'해야 하는지를 알 수 있다.

우리는 안정된 자아를 통해 자신의 입장과 주장을 일치되게 표현할 수 있다.

많은 사람들이 자신과 타인에 대한 생각이 일치하지 않는다.

"다른 사람은 나를 간섭해서는 안 돼. 하지만 나는 다른 사람을 간섭하고 싶어."

"다른 사람이 나를 존중해주면 좋겠어. 하지만 다른 사람을 존중해야 한다는 사실을 자주 잊어버려."

"내가 하고 싶은 선택을 하겠어. 하지만 다른 사람이 선택하는 것이 맘에 들지 않아."

"다른 사람의 언행을 통제하고 싶어. 하지만 다른 사람이 나를 통제하는 건 안 돼."

"다른 사람이 더 잘되길 바라기 때문에 그를 바꾸고 싶어. 하지만 다른 사람이 나의 부족한 점을 알려주면 기분 나빠."

"다른 사람의 실수를 지적해줘야 해. 하지만 다른 사람이 나의 실수를 직접적으로 말하는 건 불편해."

"나는 주체적으로 행동하겠어. 하지만 너는 지나치게 주체적인 것이 문제야."

이러한 불일치와 이중 잣대가 인간관계에서 분쟁과 혼란을 야기한다. 나는 되고 다른 사람은 안 된다는 생각은 자기중심적 사고에서 비롯된다.

이러한 '불일치'를 조정하려면 반드시 '사람'들을 평등하게 대해야 하며 관계를 통제하거나 조종해서는 안 된다.

진정한 일치를 실현하는 사람은 진실된 자아를 파악할 줄 아는 사람이다. 무의식에 사로잡혀 후회나 자책 혹은 자신에 대한 비난과 힐난을 하는 사람이 아니다.

자신의 인생을 책임지면 자연스럽게 진정한 일치를 실현할 수 있을 것이다. 완전히 통합된 자아를 드러내기로 했을 때, 그 과정에서 결과나 대가에 대한 책임을 질 수 있다. 설령 결과가 기대에 못 미치거나 이상적이지 않더라도 그것을 받아들여야 한다.

스스로 선택과 결정을 하고 그것을 책임질 줄 알면 관계의 경계선을 세우는 능력은 더욱 발전되고 성숙해질 것이다. 더 이상 혼란스럽고 충동적인 감정에 사로잡히지 않고 자기감정의 주인은 자신이라는 사실을 잊지 않을 것이다.

바운더리 훈련

　자아 주체성을 유지하기 위해서는 자신에 대한 인식과 의식의 고양이 필요하다. 스스로 다음의 3가지 질문을 던져보자.

　　1. 내가 지금 느끼는 감정은 무엇인가?

　　2. 내가 지금 생각하는 것은 무엇인가?

　　3. 내가 지금 무엇을 하고 하는가?

　자신이 무엇을 하고, 무엇을 느끼며, 무엇을 생각하는지를 알아야 한다. 자신의 감정과 생각 그리고 행동을 인지한다면 무의식의 간섭이나 반사적인 반응에서 벗어날 수 있다.

"자신을 존중하는 사람은
다른 사람의 말에 상처받지 않는다.
마치 어떤 창으로도 뚫을 수 없는 갑옷을 입은 것처럼."

자기암시와 사실을
구분하라

당신이 선택한 것이 진정으로 갈망했던 삶이 아니라면, 당신은 더 많은 돈을 쓰거나, 더 많이 보유하거나, 더 많이 욕망하는 등 여러 가지 방식으로 자신에게 보상을 주려고 할 것이다. 하지만 이렇게 될수록 진정으로 원했던 삶과 자신으로부터 점점 멀어지며, 기쁨과 만족 또한 점점 적어질 것이다.

자신이 '원치 않는 것'과 '싫어하는 것'이 무엇인지뿐 아니라 '원하는 것'과 '좋아하는 것'이 무엇인지 알아야 한다. 이것을 더욱 명확히 인지할수록 스스로 판별하거나 선택하는 데 도움이 된다.

무엇을 원하고 좋아하며 필요한지를 생각하지 않으면, 결과적으로 무의미한 것들이 당신의 인생과 심리적 공간을 차지할 것이다. 그러면 어떠한 만족과 기쁨도 누리지 못하며 어떠한 방식으로도 공허와 불만을 채울 수 없다.

자신은 언제부터 진정으로 원하는 것을 선택하지 못하게 되었는가? 거슬러 올라가 보면 대략 유아, 유년 시절부터 시작되었을 것이다. 어떤 게 좋은 건지, 무엇을 해야 하는지, 어떻게 해야 하는지 등에 대한 외부의 기준에 구속되어 온 것이다. 어른들이 흔히 하는 말로, "다른 사람들은 다 이러저러한데, 너는 왜 못 하는 거야?"라는 말을 들어온 것이다.

그러한 기준은 열등감과 부족함에서 비롯된 것이다. 자신들이 부족하여 아이를 완벽하게 길러낼 능력이 없는 것에 대한 두려움이며, 더 나아가서는 그러한 불안과 원망을 아이들에게 전가하고 있다.

우리는 어른들의 말을 진리처럼 따르며, '다른 사람이 할 줄 알면 나도 할 줄 알아야 해. 다른 사람이 가진 건 나도 가져야 해'라고 생각하며 스트레스를 받는다. 그리고 자신의 취약함과 부족함을 인정하지 않고 모든 역량을 다해 어떻게든 이뤄내려고 안간힘을 쓴다.

다른 사람이 즐거우면 나도 즐거워야 하고, 다른 사람이 출중하면 나도 출중해야 하며, 다른 사람이 몸매가 좋으면 나도 몸매가 좋아야 하고, 다른 사람이 우아하면 나도 우아해야 한다.

다른 사람에게 집, 차, 돈, 배우자, 자녀, 지위, 명성, 사업, 직함

등이 있다면 나도 모두 갖춰야 한다.

그렇게 해서 남들 못지않게 성공하지만, 더 많은 불만족과 과도한 피로 그리고 노력에 대한 보상심리(물건을 구매하며, 유희를 즐기고, 미식을 즐기며, 성형을 하고, 각종 소비를 하는 행위)에 휩싸이게 된다.

외면을 추구할수록
내면은 결핍된다

우리는 도대체 무엇을 좇고 있는가?

우리는 왜 무언가를 계속 추구하면서도 심리적 결핍은 채우지 못하는가?

우리의 정신은 물질로 결코 진정한 만족을 느끼지 못하므로, 물질의 한계를 초월하는 의미를 깨달아야 한다.

자신을 사랑한다면 스스로 다음과 같은 조건을 내걸지 않을 것이다.

'내가 세상을 향해 웃을 수 있어야, 스스로를 사랑할 수 있다.'
'내가 화려하게 보여야, 스스로를 사랑할 수 있다.'
'내가 노력해야, 스스로를 사랑할 가치가 있다.'
'내가 다른 사람의 존중을 받아야, 스스로를 사랑할 수 있다.'

'내가 다른 사람의 사랑과 칭찬을 받아야, 스스로를 사랑할 수 있다.'

'내가 다른 사람의 환영을 받아야, 스스로를 사랑할 수 있다.'

사랑은 무조건적인 것이다. 지위, 권세, 재력, 명성, 외모, 명석한 두뇌가 있어야 사랑받을 자격이 있는 것이 아니다. 지위, 권세, 재력, 명성, 외모, 명석한 두뇌를 중요하게 생각하는 사람은 사랑과는 가장 거리가 먼 사람이다.

당신은 긍정적일 수도 낙관적일 수도 있으며, 이 세상에 희망과 미소를 전해줄 수 있다. 하지만 이것은 진실되게 자신을 수용하거나 완전하게 자신을 사랑하는 것이 아니다. 빛나는 순간뿐 아니라 어둠에 빠진 순간도 있기 때문이다. 이러한 순간이 모두 존재하며, 그중 어느 한 면만 취하고 다른 한 면은 거부할 수 없다.

이러한 무조건적인 사랑을 이해할 때 자신을 온전히 받아들이고 진정한 정신의 평온과 풍족을 누릴 수 있다.

자신의 모든 것을
받아들여라

어떠한 상황에 부딪히든, 좋든 나쁘든, 강하든 약하든 당신은 자신의 모든 것을 받아들여야 완전히 새로운 질서와 안정이 생긴다.

어릴 때 당신은 거대한 이상을 가지고 있었다. 모든 사람들이 당신을 좋아하기를 바라고, 자신이 가장 말을 잘 듣는 아이임을 증명하고자 하며, 노력을 통해 다른 사람들의 감탄과 칭찬을 자아내고자 했다.

하지만 우리의 이상은 그렇게 거대할 필요 없다. 스스로 즐겁고 재미를 느끼며, 기존의 규범 내에서 자유를 느끼고, 완벽하지는 않지만 만족할 줄 아는 것이 가장 큰 행복이다.

어릴 때는 부모의 관심을 받지 못하거나 선생님과 어른들의 긍정적인 반응을 얻지 못하면 인생이 반드시 실패할 것으로 생각한다.

하지만 부모와 선생님 그리고 어른들 또한 그들의 인생이 있고, 그들 역시 한계가 있다. 비록 그들이 당신에게 영향을 미칠 수는 있지만, 당신이 어떠한 사람으로 성장할지는 결정할 수 없다.

성장이란 아이의 시각과 경험에 기반하여 무능력하고 두려움과 불안이 가득한 삶을 사는 것이 아니다. 당신은 성장을 통해 진정한 능력을 갖춘 사람이 되어야 한다. 그리고 이것은 얼마나 자신에게 충실한가에 달려 있다.

바운더리 훈련

자신에게 충실한 선택과 결정을 내리는 연습을 해보자. 현실적인 요인 때문에 차선이나 제3의 선택을 해야 할 때도 자신의 선택과 결정임을 명확하게 인지해야 한다.

인생을 살아가면서 자신이 가장 원하는 것만을 선택할 수는 없다. 실제적인 평가나 객관적인 조건에 따라 선택해야 각자 책임을 질 수 있다.

'어쩔 수 없어', '너무 많이 생각하지 마', '더 이상 뭘 어쩌겠어'와 같은 심리 상태로 결정을 내리면, 장기적인 자기암시로 인해 내면에서 느끼는 부당함과 불공평함이 눈덩이처럼 크게 불어나 결국에는 내면의 불균형과 소모를 초래할 것이다. 그러므로 현실적인 조건을 받아들이는 연습을 해야 한다.

과도한 기대와 이상화 또는 공상은 자기 회의나 좌절에 빠뜨린다. 자신의 역량이 어느 정도인지, 자신이 할 수 있는지를 알아야 조금도 허황됨에 젖어들지 않고, 진실된 자신을 외면하지 않고 받아들일 수 있다.

"우울한 기분이란
자신에게 사실이 아닌 것을 계속 주입해서
스스로를 불쌍하게 만들어버리는 것이다."
– 데이비드 D. 번스

나란히
나아갈 수 있는 관계

누군가 당신에게 "너를 위해 그런 거야"라고 말할 수 없다. 인생과 삶은 모두 당신의 것이다.

누군가 당신에게 "당신의 인생은 이러저러해야 한다"라고 말할 수 없다. 당신은 스스로 사고하고 결정해야 한다.

누군가에게 순종하며 그의 기대에 따라 결정을 내려서는 안 된다. 그것은 통제이며 지배이자 조종이다.

스스로 자신의 존재를 성찰하고 자각해야 한다. 자신의 인생은 그 자체로 존중받을 가치가 있고 자신의 역량과 경험으로 인해 충만하고 아름다울 것이다.

우리 모두는 평범한 사람이며, 모두가 자신의 인생을 살아가는 방법을 배우고, 타인 그리고 환경과 공존하는 방법을 배우는 길에서 많은 시행착오를 겪는다.

　인생을 쉽사리 다른 사람에게 떠넘기지 말아야 하며, 다른 사람의 인생을 쉽사리 짊어지려고 해서도 안 된다. 우리가 할 수 있는 것은 책임 전가나 억압이 아니라 서로에 대한 이해와 응원이다.

　모든 사람들은 유일무이한 개체이다. 다른 사람을 걱정하며 살아서도 안 되고, 자신의 삶을 비관하며 살아서도 안 된다. 인생은 사유재산과 같기에 그것을 빼앗거나 강탈해서는 안 된다.

　다른 사람의 인생에 대해 어떠한 반응이나 행동을 취하기 전에 냉정하게 자기 자신과 대화를 나누어야 한다.

'왜 이렇게 해야 하는가?'

'이렇게 하지 않으면 어떻게 되는가?'

'꼭 이렇게 해야만 하는 것인가?'

'다른 방법과 가능성은 없는가?'

'타인의 의견을 구하였는가?'

'타인이 도움의 손길을 요청하였는가?'

'당신이 도움의 손길을 내밀었는가?'

'당신이 책임져야 하는가?'

그리고 마지막 질문을 해보자.

'내가 정말 할 수 있는가?'

'어떠한 일이 발생하든 책임지거나 받아들일 수 있는가?'

'정말 마음속에서 우러난 행동인가, 아니면 의무감에서 비롯된 행동인가?'

당신이 조금이라도 자신을 속이고 있고 자신의 마음과 감정에 확신이 서지 않는다면 어떨까? 이런 상황에서 일이 예기치 않은 방향으로 흘러가거나 당신이 타인을 위해 힘썼던 모든 것이 전혀 도움되지 않고 오히려 상황을 악화시킨다면 어떨까?

그러면 당신은 원망과 좌절 그리고 분노를 느끼며 자신과 상대방에 대해 불만을 쏟아내고 후회할 것이다. 이때 멈춰 서서 자세히 들여다보면 다음의 질문들에 대한 답을 찾을 수 있을 것이다.

'나는 왜 다른 사람의 일에 빠르게 개입하는가?'

'내 일에도 적극적으로 나서며 정의롭게 행동할 수 있는가?'

각자의
인생 답안을 써라

자기 자신도 적극적으로 보호하지 못하면서 다른 사람이 자신을 보호해주고 문제를 해결해주기를 바란다면, 그토록 갈망했던 사람이 인생에 나타나지 않을 경우 마음은 부당함과 유감으로 가득 차게 될 것이다.

'이것은 누구의 인생인가?'

우리는 이 말을 가슴속에 간직하고 있어야 한다. 모든 관계 속에서 다른 사람의 인생, 더 나아가 자신의 인생을 직면할 때면 우리는 '이것은 누구의 인생인가?'를 조용히 생각해야 한다.

다른 사람이 당신의 일에 사사건건 참견하면, 당신은 자신을 긍정하려고 노력해야 한다.

다른 사람에게서 배움이나 도움이 될 만한 것을 얻을 수 있지만, 스스로 배울 기회를 박탈하여 타인이 직접적으로 개입하고 간섭하며 결정을 내리도록 방임해서는 안 된다.

다른 사람이 통제자가 되도록 허락하면 당신은 의존자나 공동 의존자로 변할 가능성이 크다.

타인에게 의존하려는 사람은 자신을 직면하지 않으려 한다. 이러한 부류는 관계의 경계선을 세우지 못하고 자기 삶의 주도권을 자신이 쥐려고 하지 않는다. 사람들 속에서 이런저런 관계로 얽혀 자신을 숨기며 안전감을 느낀다.

마찬가지로 당신이 타인의 인생에 마음대로 간섭하며 훈수를 두는 것은 타인의 학습 기회를 박탈하는 것과 다를 바 없다.

학습은 성장의 밑거름이며 성장의 에너지원이라는 것을 믿는다면, 자신에게 집중하여 자신의 학습 기회를 중요하게 여겨야 한다. 마찬가지로 타인에게도 그들만의 학습 과정이 있다는 것을 인정해야 한다.

자신의 마음과 감정을 확인하고 자신을 독려하며, 스스로 지탱할 역량을 갖추어야 한다. 또한 상대방을 독려하거나 응원해주는 방식으로, 인생의 문제들을 스스로 해결하는 법을 배우도록 하여 자신이 고독한 존재가 아님을 느끼도록 해주어야 한다.

이렇게 되면 서로가 서로를 빛나게 해주고, 어느 순간에 각자의 방식으로 각자 빛나는 삶을 살게 될 것이다.

바운더리 훈련

스스로 다음 질문을 던져보자.

'이것은 누구의 인생인가?'
'이것은 누구의 과제인가?'

타인이 정의한 '올바른 인생'의 기준을 나에게 적용해서 거기에 부합하고 순응하며 살아가는 것은 진정한 자기 삶이 아니다.

사람과 관련된 여러 가지 일에서는 특히 다음의 질문을 떠올려보자.

'이것이 나와 관련이 있는가?'
'마음속에서 어떠한 동기나 힘에 의해 이 일을 하게 되었는가?'

습관적으로 자신의 기준에 따라 다른 사람은 무지하고 무능한 사람으로 여겨서도 안 된다. 이것은 자기 능력을 과대평가하는 것이며 타인의 능력을 평가절하하는 것이다.

각자 자신의 삶을 연구하고 탐색하기에 '인생에는 모범 답안이 존재하지 않는다'. 각자의 인생 답안을 써내야 한다.

자료나 문헌을 찾고 다른 사람들의 견해를 들을 수 있지만, 그것을 베끼거나 무작정 따라 해서는 안 된다. 조금이라도 어려움에 부딪히면 습관적으로 다른 사람에게 답을 묻고 자신에게 적용하면서, 정작 자신의 사고나 깨달음의 과정을 생략해서도 안 된다.

견고한 관계의 경계선을 만들려면 자신의 대변인이자 주인이 되어야 하며 자신의 의사결정에도 책임져야 한다.

'나를 대변해줄 사람은 어디에도 없고, 오직 나 자신만이 내 생각과 감정을 이해한다'면, 자신의 주체감과 관계의 경계선이 명확하게 세워져 더 이상 혼란과 통제에 쉽게 빠지지 않을 것이다.

"우리 모두는 하나의 완전한 인격체다.
우리는 누군가의 반쪽이 되거나 누군가의 삶의 일부가 될 수 없다."

– 앤드루 매튜스(동기부여 전문가)

인생의 문제는 관계의 문제다

당신의 천국은 다른 사람에게 지옥일 수 있고, 당신의 지옥이 다른 사람에게는 즐거운 천국일 수 있습니다.

당신이 비통해할 때도 다른 사람의 기쁨을 인정할 수 있고, 당신이 기쁠 때도 타인의 비통함을 이해할 수 있습니다.

이렇듯 자신을 이해하고 다른 사람의 다름과 차이를 받아들이면 관계의 경계선을 잘 지켜나갈 수 있습니다. 그러면 타인의 인정을 강요하지 않고, 우리의 감정과 관점을 억압하지도 않으며, 다른 사람이 본인의 감정과 관점을 왜곡시키도록 압박하지도 않게 됩니다.

정보가 홍수처럼 쏟아지고 패러다임의 변화가 일어난 시대에 인간관계는 우리를 집단 불안의 분위기 속으로 몰아넣고 있습니다.

　우리는 사실 원하는 성공을 이룰 수 있을지에 대한 확신이 없습니다. 어떻게 해서든 빨리 성공하고 이상을 실현하고 싶지만, 인생이란 대부분이 자신의 욕망이나 계획에 따라 흘러가는 것이 아니며 이따금 혼란과 고민에 빠지기도 합니다.

　이 사회에서의 분투를 전투에 비유해봅시다. 전장에서 싸우는 모든 전사가 영웅이 될 수는 없습니다. 오히려 포로가 되어 갖은 모욕과 고통 그리고 분노와 무력감을 느낄 수도 있습니다.

　많은 사람들이 원하는 뜻을 펼쳐보지 못하는 답답함을 느끼며, 길을 잃어버린 것처럼 '무엇을 위해 이처럼 분투해야 하는가? 무엇을 위해 견뎌야 하는가? 앞으로 더 높은 성과를 만들어내지 못한다면 내가 존재하는 의미는 무엇일까?'에 대한 답을 갈구합니다.

　적지 않은 사람들이 이런 질문을 던집니다.

"어떻게 해야 영원히 꺼지지 않는 열정을 가질 수 있을까요? 어떻게 해야 인생에 활력을 불어넣을 수 있을까요?"

물론 이러한 질문을 던지는 사람들은 모두 더 멋지고 충실한 삶에 대한 갈망이 있습니다. 어떠한 이념이나 목표를 위해 몰두하여 자신을 완전히 불사르기도 하지만, 아직 그 갈망에 대한 해답을 찾지 못한 것입니다.

우리는 끊임없이 위로 나아가고 더 높은 것을 바라보며 더 좋아지기 위해 노력합니다.

하지만 무엇이 더 좋은 것일까요?

어디가 더 높은 곳일까요?

어쩌면 우리의 내면에 깊이 뿌리박힌 열등감과 공허함이 만든 부작용이 아닐까요? 적극적으로 노력하지 않는다면, 주류 사회가 자신이 가진 능력을 알아봐 주지 못할 것이며, 이로 인해 자신의 존재 가치가 인정받지 못할 것이라는 두려움 때문은 아닐까요?

우리는 경쟁 상대를 따돌리고 있지만, 사실 정말 뿌리치고 싶은 것은 자신의 내면에서 끊임없이 자신이 누구인지 의심하고 있는 또 다른 내가 아닐까요?

우리가 누군가를 이기고 싶어 할 때는 상대방에게서 '부족한' 자신의 모습을 보았기 때문은 아닌가요? 그래서 상대방을 이기고 짓밟음으로써 사실은 자신이 충분히 잘하고 있으며 우수한 인재라는 것을 증명하고 싶어 하는 것은 아닌가요?

프랑스 작가 알베르 카뮈는 이렇게 말했습니다.

"행복에 지나친 이상을 가지고 있으면, 고통은 인간 내면의 깊은 곳에서부터 커져간다."

인생의 여정에서 우리는 진취적이거나 용감한 태도로 일관할 필요는 없습니다. 소극적이거나 나약한 태도 또한 우리가 경험하고 깨우쳐야 할 인생의 과제입니다.

한계와 불완전은 인생의 필수 불가결한 요소입니다. 한계와 불완전함을 이해하는 것 또한 인생을 살아가면서 경험해야 할 부분입니다. 그래야 우리가 내면에서 진정 갈망하며 필요로 하는 것들이 무엇인지 이해할 수 있습니다.

역경과 좌절 또한 우리에게 많은 깨달음과 교훈을 줍니다. 자신을 소중히 대하고 잘 돌볼 줄 안다면 적절한 인간관계를 구축해 이 세상의 아름다움을 느낄 수도 있습니다.

그때가 오면 행복은 조용히 그리고 천천히 우리 곁에 찾아옵니다.

이 책은 이 세상에 태어난 모든 사람들, 그리고 수많은 도전에 직면하고 있는 사람들을 위한 것입니다.

우리는 자신의 능력으로 이 세상을 살아가는 방법을 배우고, 또 서로의 장점을 활용해 서로 협업합니다. 이 세상을 살아간다는 것은 결코 쉬운 일이 아닙니다. 현실은 잔혹하고 차갑고 낭만적이지도 않으며 어떠한 환상도 존재하지 않습니다. 어떨 때는 결코 달 갑지 않은 사건들이 불쑥 찾아오기도 합니다.

그때마다 우리는 상처받게 됩니다.

성실하고 진실된 모습을 유지하기를 원하며, 거짓된 가면을 써서 자아를 잃어버린 채로 살기를 거부하는 사람일수록 더 많은 상처를 받게 됩니다.

하지만 상처를 받는다는 것이 파멸을 뜻하는 것은 아닙니다. 상처도 우리의 귀중한 경험이 되어 이 세상의 어둠이란 존재를 알게 해줍니다.

어린아이였을 때의 무지함과 순진함으로 교활함, 아첨, 질투, 음해, 착취, 이용 그리고 수많은 속임과 폭력에 맞선다면, 두려움과 공포를 경험하게 될 것입니다. 이러한 부정적인 감정에 사로잡혀 심신의 고통과 괴로움으로 인해 앞으로 나아갈 엄두를 내지 못할 수도 있습니다.

상처받는다는 것의 가장 중요한 의미는 위험한 존재를 인식한다는 것입니다. 또한 지나치게 낙관하여 이 세상의 아름다운 면에 취하지 않게 해주고, 주변에 대한 환상과 기대가 얼마나 일방적이며 순진한 생각인지도 깨닫게 해줍니다.

무엇보다 중요한 것은 인생의 책임과 과제를 스스로 짊어지는 것입니다. 주위 사람들에게 도움을 주어야 한다고 생각하지 말고,

스스로 고민하고 단련하여 자신을 지킬 수 있어야 하며, 자신이 사랑하는 사람(혹은 생명)을 아끼고 보호할 수 있는 능력도 갖추어야 합니다.

이러한 능력을 갖춘 여러분은 인생의 투사(鬪士)가 되어 용기와 근성을 가지고 주어진 환경에 적절히 대처해나갈 수 있습니다. 또한 자신을 속박하거나 내면의 동굴에만 갇혀 있는 것이 아니라 미지의 세계를 향해 자신 있게 발걸음을 옮길 수도 있습니다.

한 번뿐인 인생에서 우리가 진정으로 할 수 있는 것은 스스로 주체가 되어 자아를 실현하고, 자신이 정의한 가치와 의미에 따라 살아가는 것입니다.

이러한 삶을 살 수 있다면 충분히 박수갈채를 받을 만한 성취를 이룬 것입니다.

의미 있는 인생을 살아가는 방법을 부단히 고민하고 충실한 삶을 살아간다면, 당신의 삶은 그것만으로도 충분한 가치가 있습니다.

내 삶을 지키는
바운더리

초판 1쇄 인쇄 | 2024년 03월 04일
초판 2쇄 발행 | 2024년 12월 05일

지은이 | 쑤쉬안후이
옮긴이 | 김진환
펴낸이 | 정서윤

편집 | 이원주
디자인 | 윤이수
마케팅 | 신용천
물류 | 책글터

펴낸곳 | 시옷책방
등록 | 2020. 3.10 제2020-000064호
주소 | 서울시 마포구 동교로 75
전화 | 02-332-3130
팩스 | 02-3141-4347
전자우편 | million0313@naver.com
블로그 | https://blog.naver.com/millionbook03
인스타그램 | https://www.instagram.com/millionpublisher_/

ISBN 979-11-91777-62-8 03190

값 · 18,500원